C.H.BECK ■ **WISSEN**

in der Beck'schen Reihe

W0173859

«Ein Thema, das mir im Gefängnis große Sorge bereitete, war das falsche Bild, das ich unabsichtlich der Außenwelt vermittelte; dass man mich als Heiligen betrachtete. Das war ich nie ...» – kenntnisreich und konzise schildert Stephan Bierling in diesem Band das Leben und politische Wirken Nelson Mandelas, der zur moralischen Instanz eines ganzen Zeitalters werden sollte.

Stephan Bierling ist Professor für Internationale Politik an der Universität Regensburg. Zuletzt ist bei C.H.Beck von ihm erschienen: «Geschichte des Irakkriegs. Der Sturz Saddams und Amerikas Albtraum im Mittleren Osten» (bsr 1890).

Stephan Bierling

NELSON MANDELA

Verlag C.H.Beck

Für Viola

Mit 7 Abbildungen im Text und einer Karte

Originalausgabe
© Verlag C.H.Beck oHG, München 2012
Satz: Fotosatz Amann, Aichstetten
Druck und Bindung: Druckerei C.H.Beck, Nördlingen
Umschlagentwurf: Uwe Göbel, München
Umschlagabbildung: Nelson Mandela, 1994 © Teutopress
Printed in Germany
ISBN 978 3 406 63320 1

www.beck.de

Inhalt

Ein Thema, das mir im Gefängnis große Sorge bereitete,
war das falsche Bild, das ich unabsichtlich der Außenwelt
vermittelte; dass man mich als Heiligen betrachtete. Das
war ich nie ...

Nelson Mandela

Vorwort

«Afrikas Lichtgestalt» wurde Nelson Mandela genannt, das
Magazin *Time* kürte ihn 1993 zur «Person des Jahres» und später zu einem der zwanzig wichtigsten Politiker und Revolutio-
näre des 20. Jahrhunderts. Ihm wird das «Wunder vom Kap»
zugeschrieben – das Apartheid-Regime friedlich abgelöst und
den unvermeidlich erscheinenden Bürgerkrieg abgewendet zu
haben. Dafür erhielt er einen Friedensnobelpreis. Für Südafrika
ist Mandela, was George Washington für die USA und Mahat-
ma Gandhi für Indien waren: der Befreier, Gründer und Sinn-
stifter der Nation. Als erster frei gewählter Präsident arbeitete
er unermüdlich für die Aussöhnung der weißen und schwarzen
Bürger seines Landes. Im In- und Ausland wird Mandela oft
fast religiöse Verehrung entgegengebracht. Wie sehr er noch immer die Massen in seinen Bann zieht, zeigte sich im Herbst
2010, als eine Sammlung seiner Reden, Briefe und Interviews
gleichzeitig in zwanzig Sprachen erschien. Kein Geringerer als
US-Präsident Barack Obama steuerte das Vorwort bei.

Mein Interesse an Mandela erwachte am 11. Juni 1988, als
im Londoner Wembley-Stadion das *Nelson Mandela 70th Birth-
day Tribute Concert* stattfand. 72 000 Besucher waren live dabei,
600 Millionen Zuschauer in 67 Ländern verfolgten am Fern-
seher, wie Sting, Miriam Makeba, Peter Gabriel, Whitney
Houston und Eric Clapton zu seinen Ehren auftraten. Jerry
Dammers' «Free Nelson Mandela», das er mit den Simple Minds
spielte, bewegte mich tief. Wer war dieser Mann, dessen Freilassung Dutzende weltbekannter Musiker forderten? Warum saß

er seit mehr als 25 Jahren in südafrikanischen Gefängnissen? Was war das für ein Regime, das für den Kampf gegen den Kommunismus und für die getrennte Entwicklung der Rassen der großen Mehrheit seiner Bevölkerung die Bürgerrechte verwehrte? Stimmte der Vorwurf der weißen Regierung, Mandela sei ein gewaltbereiter Terrorist? Das waren die Fragen, die mich als jungen Politikstudenten bewegten und die mich auch nach dem Ende der Apartheid nicht mehr losließen. 1998 durfte ich im Auftrag des *Deutschen Akademischen Austauschdienstes* einige Monate an der Fort Hare University in der Ostkap-Provinz lehren und forschen, wo Mandela Ende der 1930er Jahre studiert hatte. Seitdem vergeht kaum ein Jahr, in dem ich Südafrika nicht besuche und die politischen, wirtschaftlichen und gesellschaftlichen Entwicklungen beobachte.

Mandelas Leben ist mit der Geschichte Südafrikas im 20. Jahrhundert verwoben. Seine Biografie zu schreiben, heißt deshalb auch, den Weg des Landes vom Kolonialismus über die Apartheid zur Demokratie nachzuzeichnen. Dabei haben es Mandelas Biografen nicht leicht. Bis 1982 saß er im Gefängnis von Robben Island und konnte nicht interviewt werden, danach gab er Persönliches nur sehr zögernd preis. Die in den 1980er Jahren erschienenen Biografien Mary Bensons und Fatima Meers skizzieren sein Leben aus der Warte von Journalistinnen, die ihm freundschaftlich verbunden waren. Dann dominierten Mandelas Memoiren mehrere Jahre die Betrachtung seiner Person. Erst Ende der 1990er Jahre kamen mit den Lebensschilderungen von Martin Meredith und Anthony Sampson zwei Bücher heraus, die wissenschaftlichen Ansprüchen genügten. Die Eröffnung der Archive der *Nelson Mandela Foundation* und der *Historical Collections*-Sammlung der Witwatersrand-Universität verlieh der Forschung in den letzten Jahren neuen Schub. David Smith demonstrierte im Jahr 2010 mit *Young Mandela*, wie viel Überraschendes man sogar zu seinen frühen Lebensjahren noch zu Tage fördern kann.

Tatsächlich wird eine mythische Überhöhung Mandela nicht gerecht, weder seiner Person noch seinem politischen Wirken. Zu bescheiden, zu geerdet ist er selbst im höchsten Staatsamt geblieben, immer wieder wehrte er sich, wie das Zitat am Beginn dieser Einleitung dokumentiert, dagegen, zum säkularen Heiligen aufgebaut zu werden. Sein Leben ist facettenreicher, vielschichtiger und weniger geradlinig als meist angenommen. Mandela hat viele Gesichter: stolzer Häuptlingssohn, eifriger Missionsschüler, feuriger schwarzer Nationalist, prinzipienfester Anwalt, gewaltbereiter Widerstandskämpfer, disziplinierter Häftling, geschickter Verhandlungsführer, loyaler Parteipolitiker, Versöhner der Nation, gefeierter Weltstaatsmann, rastloser Ruheständler.

Den Mann aus Fleisch und Blut herauszuarbeiten, zu zeigen, was ihn antrieb und wie sich seine politische Philosophie entwickelte, ist das zentrale Anliegen dieses Buchs. Dabei zeigt sich, wie oft Mandela seine Ansichten änderte und den Umständen anpasste. Begann er seine politische Laufbahn Ende der 1940er Jahre noch mit der Vorstellung, dass allein Schwarze den Widerstand gegen die Apartheid tragen sollten, so öffnete er sich später der Kooperation mit Weißen, Farbigen und Indern. Aber erst in den 28 Gefängnisjahren reifte er zum besonnenen und abgeklärten Führer heran. Auch privat war Mandelas Leben turbulent. Zwei aufreibende Scheidungen, die Entfremdung von seinen Kindern, der Verlust eines Sohns durch einen Autounfall, eines weiteren durch Aids, das alles musste ihn persönlich schwer belasten. Aber Mandela sprach fast nie darüber, blieb introvertiert und stoisch, einige Familienmitglieder hielten ihn gar für gefühlskalt. Gleichzeitig schrieb er aus dem Gefängnis zärtliche Briefe an seine Frau Winnie und konnte mit seinem Einfühlungsvermögen und Charisma selbst erklärte Gegner für sich gewinnen. Diese Widersprüche, gepaart mit der Fähigkeit, politische und persönliche Herausforderungen anzunehmen und zu bewältigen, machen ihn zu der moralischen Instanz, als die ihn die Welt nach seiner Freilassung 1990 kennenlernte.

Bei der Literaturbeschaffung standen mir Veronika Zeichinger B. A. und Hendrik Lückhoff zur Seite, das Personenregister erstellte Karin Reindl. Dr. Annabel Zettel, Ilona Steiler M. A., Viola Schenz M. A. und Robert Lohmann B. A. haben das Buch mit ihren Kommentaren zu einem besseren gemacht. Die Zusammenarbeit mit dem Verlag C.H.Beck, seinem Cheflektor Dr. Detlef Felken, der die Idee zu dieser Biografie hatte, und Bettina Corßen-Melzer war auch im vierten gemeinsamen Projekt effizient und vertrauensvoll. Ihnen allen gilt mein Dank.

1. Der Junge vom Land

Am Abend seines Lebens kehrte Nelson Mandela oft dorthin zurück, wo er aufgewachsen war und eine glückliche Kindheit verbracht hatte: in die rollenden grünen Hügel und saftigen Weiden der Transkei, nach Qunu, eintausend Kilometer südlich von Johannesburg gelegen direkt an der N2, der Schnellstraße von Kapstadt nach Durban. Selbst als Präsident Südafrikas residierte er noch an vielen Feiertagen und am Weihnachtsfest in seinem Bungalow aus großen roten Ziegelsteinen und mit seinen Rundbögen im spanischen Stil. Den Bauplan hatte Mandela selbst im letzten seiner 27 Gefängnis-Jahre entworfen, den Grundriss übernahm er 1:1 vom Haus seines dortigen Wärters. Er wählte die Lage seines Heims in der Überzeugung, «ein Mann sollte sterben, wo er geboren wurde».

Zur Welt gekommen war Mandela am 18. Juli 1918 in dem kleinen Dorf Mvezo, wenige Kilometer südlich von Qunu. Sein Vater Gadla Henry Mandela gab ihm den Namen Rolihlahla, was «am Ast eines Baumes ziehen» heißt und umgangssprachlich «Unruhestifter» bedeutet. Er gehörte zu den Thembus, einem der fünf Hauptstämme des Xhosa-Volks, das seit dem Mittelalter aus der Region der Großen Seen in die Transkei eingewandert war. In der Sprache der südafrikanischen Ureinwohner, der Khoisan, bedeutet Xhosa «die wütenden Männer». Mandela sollte seinem Vornamen und dem Namen seines Volks als junger Mann alle Ehre machen. Innerhalb ihres Stamms gehörten die Mandelas zum Madiba-Clan, benannt nach einem Thembu-König aus dem 18. Jahrhundert. Später titulierten viele

Bewunderer Mandela respektvoll «Madiba». Der Clan zählte also zur königlichen Linie der Thembu, allerdings nicht zum Haupthaus. Damit waren die Mandelas keine Thronaspiranten, sondern Berater des Königs. Mandelas Mutter Nosekeni war die dritte der vier Frauen Henrys, bei denen der Vater abwechselnd lebte und mit denen er dreizehn Kinder hatte – beides Zeichen relativen Wohlstands. Nosekeni oder Henry hatten wahrscheinlich Khoisan-Vorfahren, auch bekannt unter den abfälligen Namen Hottentotten oder Buschmänner, auf jeden Fall legen dies Mandelas tiefhängende Augenlider, hohe Wangenknochen und heller Teint nahe.

Wenige Jahre nach der Geburt Rolihlahlas verlor Henry seine Position als Häuptling, geriet in wirtschaftliche Schwierigkeiten und schickte Nosekeni mit ihren vier Kindern in die Nähe ihrer Verwandten nach Qunu – eine kleine Siedlung von Rundhütten, gebaut aus einem Gemisch aus Lehm, Schlamm und Kuhdung und mit reetgedeckten, spitz zulaufenden Dächern. Die Hütten der paar Dutzend Familien standen meist um ein Viehgehege, den *Kraal*, und unweit der Felder. Die Mandelas hatten drei Rundhütten: eine zum Kochen, eine zum Schlafen, eine für Vorräte. Zu essen gab es Mais, Sorghumhirsen, Bohnen und Kürbis, zu trinken in Kalebassen aufbewahrte Sauermilch. Nur wenige reiche Familien konnten sich Tee, Kaffee oder Zucker leisten. Mit Freunden streifte Mandela durch die Hügel und Wiesen, zu Hause erwartete ihn eine liebevolle Großfamilie und, meist für eine Woche im Monat, ein strenger Vater, der absoluten Gehorsam erwartete und auf die strikte Einhaltung der Thembu-Bräuche achtete. Mit fünf, als Hirtenjunge, lernte Mandela, welch zentrale Rolle Rinder im Leben der Xhosa spielten. Sie waren Lieferant von Fleisch und Milch, Zahlungsmittel und Zeichen für den Wohlstand eines Stammesmitglieds. Das Afrika aus dem Bilderbuch mit seinen wilden Tieren und Nationalparks lernte Mandela nicht kennen, dieses Afrika blieb den Weißen vorbehalten und war unerreichbar für Schwarze. Er musste 38 Jahre alt werden, um seinen ersten Elefanten zu sehen. Auch damit unterschied sich Mandelas Kindheit kaum von der seiner schwarzen Altersgenossen.

Das änderte sich, als christliche Freunde Nosekeni und Henry vorschlugen, ihren aufgeweckten Jungen auf eine Missionsschule zu schicken. Obwohl Mandelas Eltern nicht lesen und schreiben konnten, erkannten sie, dass Ausbildung der einzige Weg war, weiterzukommen. Die Zeit der bäuerlichen Lebensweise neigte sich selbst in der Transkei ihrem Ende zu, die Moderne und mit ihr die formale Schulung zogen langsam in die Stammesgebiete ein. Mit sieben besuchte Mandela als erster in der Familie eine Schule. Wie auf dem Land üblich, so bestand sie auch in Qunu aus einem Klassenzimmer für alle Altersstufen. Zur Feier des ersten Schultags schenkte Henry seinem Sohn eine seiner alten Hosen, schnitt sie an den Knien ab und band sie ihm mit einer Schnur um die Hüfte. Bis dahin hatte Mandela nur eine Wolldecke getragen, die um die Schulter geschlungen und von einer Nadel zusammengehalten wurde. «Ich muss einen komischen Anblick geboten haben», schrieb Mandela in seiner Autobiografie, «doch nie habe ich ein Kleidungsstück besessen, auf das ich stolzer gewesen wäre als auf meines Vaters abgeschnittene Hose.»

An seinem ersten Schultag erhielt Mandela von seiner schwarzen Lehrerin auch den Vornamen, der ihn bekannt und berühmt machen sollte: Nelson. Der Grund dafür war einfach. Die weißen Missionare hatten Schwierigkeiten, die afrikanischen Namen auszusprechen. Mandelas Schule betrieben Methodisten, die ihn wie schon seine Mutter auch gleich tauften. Zwei Jahre später ereilte Mandela ein Schicksalsschlag, der sein Leben dramatisch veränderte. Sein Vater starb an einer Lungenkrankheit. Mit dem Ausfall des Ernährers und Versorgers war Mandelas Schulbesuch bedroht. Da die Familie mit dem Königshaus verwandt war, ließ der amtierende Thembu-Herrscher Jongintaba den Jungen in seine unweit von Qunu gelegene Residenz Mqhekezweni bringen. Das königliche Quartier bestand aus zwei großen rechteckigen Häusern mit weiß getünchten Wänden und Wellblechdächern, umgeben von sieben Rundhütten. Etwas Eindrucksvolleres hatte der junge Mandela nie gesehen. Noch dazu trug der König einen eleganten Anzug und fuhr einen «majestätischen ... Ford V8», das einzige Auto in der ganzen

Region. Kein Wunder, dass sich der weiße Magistrat, die oberste Autorität in der Transkei, mehrmals mit dem «extravaganten Lebensstil» und den konstanten Geldnöten des Königs befasste. Jongintaba und seine Frau kümmerten sich mit der gleichen Zuneigung um Mandela wie um ihre eigenen Söhne und schickten ihn weiter zur Schule. Mehr als zehn Jahre lang sollte der König sein Vormund und Förderer sein. Als Mandela mit 15 ins einhundert Kilometer entfernte Clarkebury-Internat in Qokolweni kam, schenkte ihm der König Anzug und Stiefel, fuhr ihn persönlich hin und stellte ihn dem Rektor vor. Dieser war der erste Weiße, dem Mandela die Hand schüttelte.

Zu Mandelas prägendsten Eindrücken am Hof Jongintabas zählte es, die traditionelle Entscheidungsfindung zu beobachten. Bei den Treffen hörte der König den – ausschließlich männlichen – Beratern und Häuptlingen aufmerksam zu und griff nie in die Diskussionen ein, selbst wenn er kritisiert wurde. Erst am Schluss versuchte er, einen Konsens herzustellen. Ein Treffen konnte nur in Einstimmigkeit enden oder gar nicht. Mandela betonte in seinen Memoiren, wie wichtig dieses Erlebnis von «Demokratie in ihrer reinsten Form» für seinen eigenen Führungsstil gewesen war. Auch nach der formalen Annexion Thembulands durch die Briten 1885 hatten die Könige große Macht behalten, etwa bei der Landvergabe und der Streitschlichtung. Die Kolonialherren schätzten sie als Mittler zwischen ihnen und der schwarzen Bevölkerung und bezahlten sie sogar. Aber die Könige und Häuptlinge brauchten bei ihrer Wahl nicht nur die Zustimmung der Stammesältesten, sondern auch die Bestätigung der weißen Behörden, und formal gehörten Grund und Boden der britischen Krone.

Als Schwarzer im Land der Weißen

Als Mandela heranwuchs, war die Herrschaft der Weißen fest etabliert in Südafrika. Begonnen hatte die europäische Besiedelung des Landes, als die Niederländische Ostindien-Kompanie 1652 einen Versorgungsposten am Kap einrichtete und sich langsam ins Landesinnere ausbreitete. Aufgrund ihrer strategi-

schen Bedeutung für den Seeweg nach Indien übernahm das
aufstrebende Britische Empire während der Napoleonischen
Kriege die Kapkolonie. Da die Briten den niederländischstäm-
migen Siedlern, den Buren («Bauern»), die Expansion ins Gebiet der Xhosa und den Sklavenhandel untersagten, kam es zu
Spannungen zwischen den alten und den neuen Herren. Sie es-
kalierten als London in den 1830er Jahren auch den Besitz von
Sklaven verbot. Ein Fünftel der Buren, etwa 15 000 Personen,
verließ daraufhin die Kolonie und zog im «Großen Trek» nach
Nordosten. Dort gründeten die *Voortrekker*, wie sie sich selbst
nannten, drei unabhängige Republiken: Transoranje, Transvaal
und Natalia. Bei der Ausbreitung nach Natal brachen Kämpfe
mit den einheimischen Zulus aus, die mit dem Sieg der Buren
endeten. Aus Furcht vor einem Buren-Staat mit Zugang zum Indischen Ozean marschierten kurz darauf britische Truppen in
Natalia ein und errichteten eine eigene Kolonie mit dem Namen
Natal. Viele der dort ansässigen Buren flohen in die anderen
beiden Republiken im Landesinneren, wo sie abgeschieden ihre
eigene Kultur und Gesellschaft entwickelten. Der *Große Trek*
wurde zum Gründungsmythos der neuen Buren-Nation, die
überzeugt war, ihre Unabhängigkeit gegen imperialistische Briten und feindselige Schwarze verteidigen zu müssen. Unter der
Führung von Paul Kruger, dem Präsidenten von Transvaal, entwickelten die Buren den Mythos eines auserwählten Volks, das
Gottes Mission in Südafrika erfüllen soll.

In den 1860er Jahren lebten die drei Bevölkerungsgruppen in
separaten politischen Einheiten: in zwei britischen Kolonien,
zwei Buren-Republiken und mehreren großen afrikanischen
Königreichen. Auch wirtschaftlich hatten sie wenig miteinander
zu tun. Das änderte sich schlagartig, als man in Transvaal 1867
Diamanten entdeckte und 1886 Gold. Auf einmal besaß das
südliche Afrika, dessen Ökonomie bis dahin auf Selbstversor-
gungs-Landwirtschaft basierte, wertvolle Exportgüter. Die Fun-
de lösten einen Zustrom ausländischen Kapitals und eine Mas-
senimmigration aus. In Transvaal verachtfachte sich die weiße
Bevölkerung innerhalb weniger Jahre, und Hunderttausende
Schwarze suchten Arbeit in den Goldminen und neu entstehen-

den Städten. Fast alle Minen standen unter Kontrolle der Briten. Nicht zuletzt um sich billige Arbeitskräfte zu sichern, eroberten sie in den 1870er und 1880er Jahren unter anderem die unabhängigen afrikanischen Königreiche der Xhosa und Zulus, konfiszierten das meiste Land und führten Steuern ein. Schwarze Männer, die bisher freiwillig in den Minen gearbeitet hatten, mussten sich nun zu den Bedingungen der Eigentümer verdingen. Ihre Frauen und Kinder ließen diese Arbeitsmigranten auf dem Land zurück, wo sie von Ackerbau und den Geldsendungen ihrer Männer lebten. Viele Merkmale des späteren Apartheid-Systems wie die Passgesetze, die städtischen Ghettos oder die verarmten Homelands gehen auf diese Zeit der industriellen Revolution Südafrikas zurück.

Mit der Entdeckung von Diamanten und Gold verschärften sich auch die Spannungen zwischen Briten und Buren. Da die Buren kaum über Investitionskapital und Know-how verfügten, gerieten die Minen rasch in britische Hand. Die Profite flossen nach Europa und in die USA und trugen wenig zur industriellen Entwicklung der Burenrepubliken bei. Als die Buren versuchten, über eine Besteuerung der Gewinne einen Teil des Wohlstands im Land zu halten, gerieten sie in Konflikt mit den Minenbetreibern, den europäischen Investoren und schließlich der britischen Regierung. London beschloss deshalb, Transvaal und den Oranje-Freistaat in eine südafrikanische Föderation unter seiner Kontrolle einzugliedern. Aber die Burenrepubliken widersetzten sich einer unfreundlichen Übernahme und erklärten Großbritannien 1899 den Krieg. In ihm sahen sie den ersten antikolonialistischen Kampf der modernen Geschichte in Afrika. Die Kosten des von beiden Seiten äußerst brutal geführten Konflikts waren immens. Die Briten verloren 22 000 Soldaten, die Buren 7000. Härter noch traf es die Zivilbevölkerung. Auf die Guerilla-Taktik der militärisch unterlegenen Buren antworteten die Briten mit einer Politik der verbrannten Erde, die in der Zerstörung von 30 000 burischen Farmen und der Einrichtung von Konzentrationslagern gipfelte. Von den 110 000 internierten Buren starben 28 000 an Auszehrung und Krankheiten, 94 Prozent davon Frauen und Kinder. Auch sperrten die Briten viele

Schwarze, die in den Burengebieten lebten und ihnen meist nicht feindlich gesinnt waren, in eigene Lager. 115 000 Afrikaner wurden so im Laufe des Kriegs interniert, mehr als 10 Prozent von ihnen kamen um.

Die Briten kostete der Konflikt mehr als jede andere militärische Auseinandersetzung seit den Napoleonischen Kriegen, auch wurde er in der Heimat immer unpopulärer. Trotz ihrer militärischen Niederlage 1902 gelang es den Buren deshalb, London ein günstiges Friedensabkommen abzutrotzen. Das unterstellte die beiden Republiken zwar der britischen Krone, aber die Buren erhielten Kompensationen für ihre Eigentumsverluste und die Zusage, sich selbst verwalten zu dürfen. Von den fehlenden politischen Rechten der Schwarzen – dem vorgeschobenen Interventionsgrund der Briten – war nicht mehr die Rede. Im Gegenteil, die Furcht, die Schwarzen könnten aufgrund ihrer aktiven Teilnahme am Krieg eine Verbesserung ihrer wirtschaftlichen und politischen Lage fordern, ließ Briten und Buren zusammenrücken. Das Wahlrecht zum Beispiel sollten Schwarze nur erhalten, solange es – in den Worten des britischen Gouverneurs für die neuerworbenen südafrikanischen Kolonien, Alfred Milner – «die gerechte Vorherrschaft der weißen Rasse» garantierte. Zudem lag es im gemeinsamen Interesse von Briten und Buren, die Minenindustrie mit einem ausreichenden Pool billiger schwarzer Arbeiter zu versorgen. Schwarze sollten deshalb nicht das Recht haben, Land über eine bestimmte Größe hinaus zu besitzen, ihre eigene Regierung zu wählen oder ihren Arbeitsplatz oder Wohnort selbst zu bestimmen.

Buren und Briten zielten darauf ab, die Rassen zu trennen und die weiße Vorherrschaft zu institutionalisieren – das war die Basis für die Gründung der Südafrikanischen Union im Jahr 1910. Alle Abgeordneten im Parlament des neuen Staats mussten «von europäischer Abstammung» sein. In Transvaal und im Oranje-Freistaat durften de jure und in Natal de facto nur weiße Männer wählen, in der Kapkolonie bis in die 1930er Jahre auch einige ökonomisch besser situierte Schwarze und Farbige, wie alle Personen genannt wurden, die weder in die Kategorie «weiß» noch «schwarz» fielen. Dabei stellten die Weißen, je zur

Hälfte Briten und Buren, bei der Volkszählung 1903 nur 22 Prozent, die Schwarzen jedoch 67 Prozent der gut fünf Millionen Südafrikaner. Die Politik der Rassentrennung sicherte die politischen und wirtschaftlichen Vorrechte der Weißen auf Kosten der Schwarzen. 1911 verabschiedete das Parlament ein Gesetz, das Schwarze von der Übernahme der meisten Fach- und Vorarbeiter-Positionen in den Minen ausschloss. Im selben Jahr legte ein weiteres Gesetz fest, dass sich schwarze Arbeiter in Städten ausschließlich mit Pässen und nur für die Länge ihres Arbeitsvertrags aufhalten durften. Jede Verletzung dieser Vorgaben wurde mit Zwangsarbeit bestraft. Als Schwarze mit Streiks dagegen protestierten und sich in Gewerkschaften zusammentaten, schränkte die Regierung ihre Rechte ein, sich zu organisieren und Arbeitsverträge auszuhandeln.

Um zu erzwingen, dass Schwarze trotz aller Diskriminierungen weiter Arbeit in den Minen und auf den Farmen der Weißen suchten, belastete die Regierung sie mit hohen Steuern, unter anderem auf Hütten und Hunde. Auch erlaubte sie den Schwarzen lediglich, Land in zugewiesenen Gegenden von meist schlechter Qualität zu besitzen. Damit machte sie es ihnen unmöglich, einen eigenen Lebensunterhalt zu erwirtschaften, und schaltete sie als Konkurrenten der weißen Farmer aus. Weil nicht alle Schwarzen nach Ablauf ihrer Verträge in ihre Stammes-Reservate zurückkehrten und viele als Haushilfen in den Städten arbeiteten, wies ihnen die Regierung dort abgesonderte Wohngebiete zu, sogenannte «Townships». 1927 erhielt das «Eingeborenen-Ministerium» die Kontrolle über alle Angelegenheiten, die Schwarze betrafen. Die Reservate machten nur 13 Prozent der Fläche Südafrikas aus. Die Machthaber in Pretoria regierten sie durch Verordnungen, nicht reguläre Gesetze, und installierten dort eigene Verwaltungen. Die Schwarzen wurden zu rechtlosen Arbeitsmigranten degradiert, die nicht einmal in ihren überbevölkerten und verarmten Siedlungen das Sagen hatten. So lebte fast die Hälfte aller erwerbsfähigen Männer der Transkei in den 1920er Jahren nicht bei ihren Familien. In Orten wie Qunu, wo Mandela aufwuchs, gab es daher vor allem Kinder, Frauen und Greise.

Zögling der Missionsschulen und politisches Erwachen

Auch wenn Mandela immer wieder mit den Folgen der weißen Rassentrennungspolitik konfrontiert wurde, standen für ihn in jener Zeit andere Fragen im Mittelpunkt. Als 16-Jähriger musste er sich dem Beschneidungs-Ritual unterziehen, das bei den Xhosa den Übergang vom Jungen zum Mann markiert. Mit 30 anderen Jungen begab er sich zu zwei abgelegenen Hütten, bekam den Kopf geschoren, den Körper weiß bemalt – und in zwei schnellen, schmerzvollen Schnitten die Vorhaut abgetrennt. Es bereitete ihm später schelmisches Vergnügen, Staatsmänner zum Erbleichen zu bringen, wenn er ihnen in plastischen Details die blutige Prozedur schilderte. Im letzten Teil der Zeremonie hielt der Bruder des Königs eine Rede, in der er den frisch Beschnittenen die Illusion nahm, jetzt Männer zu sein. Die Schwarzen seien vielmehr ein besiegtes Volk, Sklaven im eigenen Land. Die jungen Männer zögen in die Stadt, lebten in Bretterverschlägen, tränken Fusel und ruinierten ihre Lungen in den Minen, und alles nur, damit der weiße Mann in einzigartigem Wohlstand leben konnte. Sie seien Häuptlinge, die niemals herrschten. Mandela war wütend darüber, dass man ihm den Ehrentag mit solch «unwissenden und beleidigenden Bemerkungen» verdarb. Die Weißen betrachtete er damals «nicht als Unterdrücker, sondern als Wohltäter».

Aber langsam wandelte sich Mandelas Einstellung gegenüber den Weißen, ohne sich schon zu einem festen Weltbild zu fügen. Obwohl in der Transkei, dem größten Reservat im Land, traditionelle Formen schwarzer Selbstregierung fortbestanden, sah er, dass das letzte Wort beim Eingeborenen-Ministerium und seinen Magistraten lag. Diese Fremdbestimmung selbst im eigenen Stammesgebiet empfand der junge Mandela als zutiefst ungerecht. Als er 1964 im Gefängnis auf seinen Prozess wartete, schrieb er in unveröffentlichten biografischen Aufzeichnungen: «[Mein] politisches Interesse wurde erstmals geweckt, als ich als Jugendlicher den Stammesältesten in meinem Dorf zuhörte. Die Ältesten erzählten von den guten alten Tagen vor der Ankunft des Weißen Mannes. Damals lebte unser Volk friedlich unter der demokratischen Herrschaft seiner Könige und Berater und bewegte sich frei im gesamten Land. Damals gehörte das Land uns.» In seinen Memoiren berichtet Mandela von Erzählungen Häuptling Joyis, wie die gierigen Weißen die schwarzen Völker des südlichen Afrika gegeneinander aufgehetzt und ihnen das Land weggenommen hätten. Das habe ihn zornig gemacht, und er habe sich betrogen gefühlt. Später musste er allerdings herausfinden, dass nicht alles in diesen Geschichten der Wahrheit entsprach. Tatsächlich hatte ein Thembu-König in den 1870er Jahren die Briten um Schutz und Aufnahme seines Volks in ihr Kolonialreich gebeten, weil er in Fehde mit einem rivalisierenden Stamm lag.

Auch ein anderes Ereignis brachte den jungen Mandela in Kontakt mit der Politik der Weißen. In seinen Memoiren und in fast allen Biografien wird erzählt, wie sein Vater Mitte der 1920er Jahre seine Position als Häuptling und damit Einkommen und Status verlor, weil er sich einer Vorladung des Magistrats widersetzte. Mandela interpretierte die Weigerung später als einen Akt legitimen Widerstands gegen die weißen Autoritäten und betonte, wie er diese «stolze Aufsässigkeit» und diesen «unbeugsamen Sinn für Fairneß» seines Vaters in seiner eigenen Persönlichkeit erkannte. Der Vorfall mag Mandela geprägt haben, selbst wenn er zu jung war, um ihn bewusst miterlebt zu haben. Doch es gibt auch eine andere Version. Mandela-Biograf David Smith fand heraus, dass der Magistrat Henry seines Amts enthob, weil dieser Land unrechtmäßig gegen Geld und Rinder verteilte. Dieses oft bei traditionellen Stammesgesellschaften anzutreffende Patronage- und Abhängigkeitssystem betrachteten die weißen Herren als Korruption. Auf jeden Fall lag der Fall komplizierter als Mandela in seinen Erinnerungen berichtet.

In der Schule machte sich Mandela so gut, dass ihn Jongintaba 1937 an das methodistische Missions-College Healdtown in Fort Beauford schickte. Obwohl er dort weiße und schwarze Lehrer hatte, war der Lehrplan rein britisch. Die viktorianische Atmosphäre seiner Schulzeit mit ihrer Betonung von Disziplin, Fleiß und Pünktlichkeit prägte Mandela ein Leben lang. Allein zur Religion hielt er Distanz. Stets missbilligte er starkes Trinken und Fluchen. Auch auf körperliche Fitness, ein gepflegtes Äußeres und ordentliche Kleidung legte er Wert. Bei seinem ersten Deutschlandbesuch 1996 rüffelte er eine Delegation der Grünen, die in Jeans und Turnschuhen auftrat. Wie wenig ausgeformt Mandelas Sicht der Weißen noch war, zeigt seine spätere Bemerkung, er und seine Mitstudenten wollten zu dieser Zeit nichts lieber als «black Englishmen» werden. In Healdtown, wo er überaus strebsam und erfolgreich war, begegnete Mandela erstmals Schwarzen, die keine Xhosa waren, und begann, seinen Stammes-Chauvinismus zu hinterfragen.

Mit 21 durfte er ans Elite-College von Fort Hare in Alice gehen, einer Kleinstadt unweit von Fort Beauford. Bei seiner Gründung 1916 war Fort Hare die einzige höhere Bildungsstätte nach westlichem Vorbild auf dem ganzen Kontinent gewesen, die Schwarzen offenstand. Mandela bewunderte die moderne Einrichtung, erstmals benutzte er Zahnbürste und Zahnpasta, Toiletten mit Wasserspülung und Duschen mit warmem Wasser. Eigentlich hatte die Regierung Fort Hare als Beruhigungspille für die Schwarzen gegründet, da sie im Ersten Weltkrieg Unruhen befürchtete. Aber schon bald machte sich dort ein unabhängiger Geist breit. Viele spätere Widerstandskämpfer wie der ANC-Präsident und enge Weggefährte Mandelas, Oliver Tambo, oder Erzbischof und Friedensnobelpreisträger Desmond Tutu besuchten Fort Hare. Auch die späteren Präsidenten Sambias, Botswanas, Tansanias und Simbabwes – Kenneth Kaunda, Seretse Khama, Julius Nyerere und Robert Mugabe – erhielten hier ihre akademischen Weihen. Als Mandela 1939 nach Fort Hare kam, war es mit seinen 150 Studenten die führende Hochschule für Schwarze im südlichen Afrika – Oxford, Cambridge, Harvard und Yale in einem. «Jetzt seid ihr in Fort Hare, ihr werdet die Anführer eures Volkes sein», erklärten die Lehrer den Neuankömmlingen.

Mandela studierte Englisch, Völkerkunde, Politik, Recht und «Eingeborenenverwaltung». Das letzte Fach eröffnete ihm die Perspektive, Arbeit im Ministerium für Eingeborenen-Angelegenheiten in Pretoria oder in einem seiner regionalen Magistrate zu finden. Wenn er nicht lernte, spielte er Fußball oder lief Langstrecke. Eine Leidenschaft fürs Boxen hatte Mandela schon früher entdeckt. Mit seinen Einmetervierundachtzig, seinem unwiderstehlichen Lächeln und seinem athletischen Körper war er bald der Schwarm vieler junger Frauen. Er nahm Tanzstunden und trug stolz den grauen Zweireiher, den ihm sein Ersatzvater Jongintaba anlässlich der Immatrikulation in Fort Hare geschenkt hatte. Politisch war Mandela nicht übermäßig interessiert, am meisten noch am Fortgang des Zweiten Weltkriegs. Er beklatschte einen Vortrag von General Jan Smuts, dem ehemaligen und künftigen Premierminister Südafrikas, der für den Kriegseintritt des Landes an der Seite Großbritanniens warb. Als bei einer Diskussion ein Kommilitone Smuts einen Rassisten nannte, hielt Mandela dies für «gefährlichen Radikalismus», selbst wenn er im Zug oder auf der Post selbst immer wieder kleine rassistische Demütigungen erfuhr.

In einer Theateraufführung des College übernahm Mandela die Rolle des Lincoln-Attentäters John Wilkes Booth, der mit der Ermordung des Präsidenten ein als tyrannisch empfundenes Regime stürzen wollte. Er sah die Moral des Stücks darin, «dass Männer, die große Risiken auf sich nehmen, oft große Konsequenzen zu ertragen haben». Dies mag ihn zu einem folgenreichen Schritt inspiriert haben. 1940 kandidierte er für einen der sechs Plätze im Studentenrat. Bei einer Vollversammlung einigten sich die Kandidaten aus Protest gegen das schlechte Essen und den geringen Einfluss der Studentenvertretung allerdings auf einen Boykott der Wahlen. Mandela wurde trotzdem gewählt, verweigerte aber als einziger der Sechs die Annahme der Wahl. Auch dem Ultimatum des Rektors beugte er sich nicht. Der verwies ihn daraufhin vom College, bot ihm aber an, ihn nach Fort Hare zurück zu lassen, wenn er sich die Sache in den Weihnachtsferien anders überlege. Zum ersten Mal in seinem Leben hatte sich Mandela einem Prinzip verschrieben und dafür harte Konsequenzen akzeptiert. Als Jongintaba im Dezember 1940 von Mandelas Suspendierung erfuhr, war er außer sich und befahl ihm die Rückkehr ans College. Außerdem teilte er Mandela mit, dass er ihn verheiraten wolle und bereits eine Frau für ihn ausgesucht habe. Seinem Sohn Justice sagte er das gleiche. Aber beide weigerten sich: Sie stahlen zwei Rinder des

Königs, verkauften sie und flohen mit dem Geld, aber ohne die notwendigen Pässe nach Johannesburg. Sie erreichten die Stadt am 16. April 1941, und Mandela war 23 Jahre alt.

2. Politische Lehrjahre

Johannesburg hatte Mandela nicht zufällig als Ziel seiner Flucht aus der Transkei gewählt. Es war die Stadt der Verheißungen, der Jobs, des Geldes, der vibrierenden Urbanität. Die Zulus nannten sie Egoli, die «goldene Stelle». Gegründet worden war Jo-burg, wie es umgangssprachlich hieß, 1886 nach dem ersten Goldfund am Witwatersrand, einem Höhenzug im Transvaal, als Lager für die Minenarbeiter. Der Goldrausch ließ es explodieren: Nur zehn Jahre später war sie die bevölkerungsreichste Stadt Südafrikas – und sein neues ökonomisches Herz. 40 Prozent des jemals auf der Erde geförderten Goldes sollte vom «Rand» kommen.

Als Mandela 1941 in Johannesburg eintraf, fachte der Zweite Weltkrieg den Boom in den Minen gerade weiter an. Der Bedarf an Arbeitskräften wuchs immens, auch weil viele Weiße wegen des Kriegsdiensts ausfielen. Allein zwischen 1936 und 1946 stieg die Zahl der schwarzen Bewohner um 59 Prozent auf 400 000. Mandela war also nur einer von vielen zehntausend Neuankömmlingen, und wie fast alle führte ihn sein erster Weg zu den Minen. Dort erhielt er einen Job als Nachtwächter, verlor ihn aber rasch, weil er keine Arbeitserlaubnis von König Jongintaba vorweisen konnte. Die Minenunternehmen arbeiteten nämlich eng mit den Häuptlingen in den Reservaten zusammen, weil diese ihnen billige Arbeitskräfte schickten. Allerdings kam Mandela in Kontakt mit Walter Sisulu, einem Immobilienmakler und Aktivisten, der ihn politisch entscheidend prägen und zu seinem wichtigsten Mentor werden sollte.

Sisulu stammte wie er vom Ostkap, war sechs Jahre älter und lebte seit 1928 in Johannesburg. Er gehörte der Kommunistischen Partei und dem *Afrikanischen Nationalkongress* (ANC) an, einer schwarzen Organisation, die bessere Arbeitsbedingungen in den Minen und volle Bürgerrechte für alle Südafrikaner forderte. Als Sohn einer Schwarzen und eines Weißen glaubte Sisulu, der ANC werde ihn nie an seiner Spitze akzeptieren. Schnell nahm er den vielversprechenden Mandela unter seine Fittiche. Er stellte ihn dem jüdischen Teilhaber einer Rechtsanwaltskanzlei, Lazar Sidelsky, vor, der ihn als Praktikanten anheuerte. Dies war ein unerhörter Schritt, kaum jemand stellte einen Schwarzen für eine solche Position ein – und ein großer Glücksfall für Mandela, musste er doch, bevor er sein neues Berufsziel ‹Anwalt› erreichen konnte, neben dem Studium mehrere Jahre in einer Kanzlei gearbeitet haben. Sidelsky beschrieb Mandela später als «gewissenhaft, nie unredlich, nach außen wie innen sauber». Er warnte ihn vor politischem Engagement, schenkte ihm einen alten Anzug und lieh ihm 50 Pfund, etwa 2000 Euro. Sidelsky war der erste Jude, den Mandela kennen und schätzen lernte. Später traf er viele weitere Juden im Umfeld der Kommunistischen Partei. In seinen Memoiren schrieb er voll des Lobes: «[N]ach meiner Erfahrung sind Juden großzügiger in Fragen von Rasse und Politik als die meisten Weißen, vielleicht weil sie historisch selbst Opfer von Vorurteilen geworden sind.» Parallel zu seinem Praktikum in der Kanzlei nahm Mandela ein Fernstudium an der Universität von Südafrika auf, das er drei Jahre später mit einem Bachelor-Grad abschloss.

Mandela mietete sich in Alexandra ein, einem übervölkerten Township ohne Strom und Wasser und mit einem «zweifelhaften Ruf», wie er später schrieb. Aber die Gangs, die Gewalt, die Polizeirazzien blendete er aus, um mit seinem Studium und seiner Arbeit voranzukommen. Mandelas Lebensumstände waren kümmerlich. Fast fünf Jahre lang trug er tagein, tagaus denselben alten Anzug von Sidelsky. Oft lebte er von Brot und kaltem Wasser, manchmal ging er die acht, neun Kilometer zu Fuß ins Büro, um das Geld für den Bus zu sparen. Nach zwölf Monaten verließ Mandela Alexandra und wohnte mehrere Jahre in Unterkünften von Minengesellschaften, weil die nichts kosteten. In einem dieser Lager besuchte ihn kurz vor seinem Tod König Jongintaba, der sich zu Mandelas Erleichterung mit seiner Flucht und seinem neuen Leben in der Großstadt abgefunden hatte.

Die Anwaltskanzlei bildete den Ausgangspunkt für Mandelas politisches Engagement. Ein weißer Kollege lud ihn zu kommunistischen Vorlesungen und gemischtrassigen Partys ein, ein schwarzer, Gaur Radebe, nahm ihn auf seine erste Massendemonstration gegen die Erhöhung der Buspreise mit. Wie Sisulu war Radebe ein aktives Mitglied der Kommunistischen Partei und des ANC, und beide luden Mandela zu Treffen ihrer Organisationen ein. Erstaunt verfolgte er dort, wie Weiße, Schwarze und Inder gleichberechtigt politische Probleme diskutierten. Mit den Klassenkampfparolen der KP konnte Mandela allerdings wenig anfangen, für ihn stellte die Unterdrückung und Ausbeutung der Schwarzen die größte Ungerechtigkeit dar. Obwohl er anfangs viel zu schüchtern war, um selbst das Wort zu ergreifen, schürten die Treffen sein Interesse an den dort besprochenen Themen. Wann er genau politisiert wurde, konnte Mandela auch später nicht angeben: «Ich hatte keine Erleuchtung, keine einzigartige Offenbarung, keinen Augenblick der Wahrheit. Es war eine ständige Anhäufung von tausend verschiedenen Dingen, tausend Kränkungen, tausend unerinnerten Momenten, die Wut in mir erzeugten, rebellische Haltung, das Verlangen, das System zu bekämpfen, das mein Volk einkerkerte.» Mandela beschloss, nicht Übersetzer für das Eingeborenenministerium oder Berater eines Häuptlings zu werden, sondern in die Politik zu gehen. Das führte ihn fast zwangsläufig zum ANC.

Der ANC war 1923 aus dem elf Jahre zuvor gegründeten *Südafrikanischen Eingeborenen-Nationalkongress* (SANNC) hervorgegangen. Der SANNC wollte «alle Stämme und Rassen» zusammenbringen, um gegen die immer schärfere Rassentrennungspolitik der neuen weißen Unionsregierung zu opponieren. Seine Wortführer waren mehrheitlich Angehörige der schwarzen Mittelschicht: Lehrer, Ärzte, Kirchenmänner und Geschäftsleute, die ihren Beschwerden und Anliegen durch Petitionen bei Premierminister und britischem König Gehör verschaffen wollten. Ihre Proteste richteten sich vor allem gegen das Landgesetz von 1913, das Schwarzen den Erwerb oder die Pacht von Grund

und Boden außerhalb der Reservate verbot. Bei Ausbruch des Ersten Weltkriegs stellte der SANNC seine Demonstrationen jedoch ein und erklärte sich mit Großbritannien solidarisch. Auch nach dem Krieg setzte die Organisation auf gewaltfreien Widerstand, wie ihn Gandhi zu Beginn des Jahrhunderts gegen die Diskriminierung der Inder in Südafrika praktiziert hatte. Aber die weiße Regierung verweigerte jeden Dialog und ließ ihre Aufmärsche niederschlagen. Vor allem die rassistische *Nationale Partei* (NP) der armen Buren, die seit 1924 an der Regierung beteiligt war und die in den Schwarzen ökonomische Konkurrenten sah, plädierte für eine gewaltsame Unterdrückung der Proteste. Die ultimative Erniedrigung der Schwarzen kam 1936 als sie ihr Wahlrecht in der Kapprovinz verloren. Obwohl dies nur 10 000 Wähler betraf, war das politische Signal verheerend, weil es ein seit mehr als achtzig Jahren bestehendes Recht annullierte und die letzte Brücke zwischen schwarzer und weißer Welt zerstörte. Im ANC machte sich Desillusionierung und Frustration über die eigene Machtlosigkeit breit, er stellte nun fast seine gesamten Aktivitäten ein. Erst die Wahl des Arztes Dr. Alfred Xuma zum Vorsitzenden im Jahr 1940 hauchte neues Leben in die Organisation. Unter seiner Führung veröffentlichte der ANC einen Forderungskatalog (*African Claims*), der inspiriert war von Roosevelts und Churchills Atlantik-Charta mit seiner Vision eines Lebens frei von Furcht und Not und eines Selbstbestimmungsrechts der Völker. Aber der ANC trat mehr wie ein Bittsteller denn wie eine Partei auf, die Beteiligung an der Macht im Staate wollte.

Einstieg in die Politik und Heirat

Mandela und andere junge Radikale wie Sisulu, sein Studienfreund aus Fort Hare-Tagen Oliver Tambo, der Jurist Anton Lembede und der Lehrer Asby Peter Mda erkannten ihre Chance. Unter ihrem Druck setzte Xuma auf dem ANC-Kongress 1944 die Schaffung der *Jugendliga* in der Hoffnung durch, die jungen Wilden kontrollieren zu können. Aber seine Rechnung ging nicht auf. In einem Manifest kritisierten sie die ANC-Führung indirekt scharf für ihre «erratische Politik, der Unterdrückung nachzugeben und sich dabei als Gruppe von Gentlemen mit sauberen Händen zu betrachten». Der ANC sei unter ihr zu einer Organisation der «privilegierten Wenigen» geworden, weise reaktionäre und konservative Züge auf, habe den Kontakt zu den normalen Menschen verloren und eine Beschwichtigungspolitik gegenüber der weißen Regierung betrieben. «Die nationale Befreiung der Afrikaner», so hieß es weiter, «wird durch die Afrikaner selber erreicht». Auch dürfe «kein pauschaler Import fremder Ideologien» erfolgen. Diese Ablehnung jeder Zusammenarbeit mit Nicht-Schwarzen und Kommunisten entsprach durchaus Mandelas Überzeugungen, er hatte sich während der Debatten auf die Seite der «Afrikanisten» geschlagen. Xuma missbilligte die radikalen Forderungen der Nachwuchsaktivisten, konnte seine Kritik aber nicht öffentlich äußern, weil die Gründung der Jugendliga ja auf ihn zurückging. Die jungen Radikalen hatten den ANC-Führer ausmanövriert. Mandela gewann in den Diskussionen an Statur und Profil. Er entwickelte sich zu einem engagierten Debattenredner, besaß jedoch auch den Ruf eines Nervtöters und Heißsporns. Tambo erinnerte sich später an den Mandela dieser Jahre als «leidenschaftlich, emotional, sensibel, schnell anfällig für Bitterkeit und Vergeltung, wenn er beleidigt oder bevormundet wurde». Auch Sisulu musste bei aller Wertschätzung seines Zöglings feststellen, er könne «sehr stur, sehr arrogant» und «extrem zornig» werden, wenn ihm die Motive anderer Leute, etwa der Kommunisten, verdächtig vorkamen.

Auch privat trat Mandela in eine neue Lebensphase ein. Bei den Sisulus, wo er einige Monate nach seiner Zeit in den Minenunterkünften wohnte, traf er im Sommer 1944 die 23-jährige Evelyn Mase, eine Verwandte des Hausherrn. Sie verliebten sich ineinander, schon nach wenigen Monaten bat der gutaussehende, charmante Mandela Evelyn um ihre Hand. Eine richtige Hochzeitsfeier stand angesichts seines steten Geldmangels außer Frage, nicht einmal *Lobola*, den traditionellen Brautpreis, konnte er den künftigen Schwiegereltern bezahlen. Als Anwaltsgehilfe bekam Mandela nur einen kärglichen Lohn, zudem belegte er seit 1943 Jura-Kurse an der renommierten englischspra chigen Universität von Witwatersrand («Wits») und musste Studiengebühren entrichten. Zumindest akzeptierten britische Hochschulen im Gegensatz zu den burischen eine Handvoll Schwarze, selbst wenn diese ihre Sportstätten oder Schwimmbecken nicht benutzen durften. Da auch Mandelas Frau als Krankenschwester nicht viel verdiente, wohnten die Frischverheirateten zunächst in einem Zimmer bei Evelyns Schwester. Nach der Geburt ihres Sohnes Thembekile im Februar 1946 erhielten sie ein kleines Haus mit zwei Zimmern im Township East zugewiesen, aber schon bald zogen sie nach 8115 Orlando West, das spätere *South West Township* (Soweto). Es lag südwestlich von Johannesburg, verdeckt von den Abraumhügeln der Minen, so dass den Weißen der Anblick der Barackenstadt erspart blieb. Aber Mandela war überglücklich. Endlich lebte er im eigenen, wenn auch gemieteten Heim. Es sah aus wie Hunderte andere, stand auf einem «briefmarkengroßen» Grundstück, hatte ein Wellblechdach und eine Außentoilette mit einem Eimer und keinen Stromanschluss. «[D]och es war mein erstes richtiges Zuhause», schrieb Mandela später, «und ich war sehr stolz darauf. Ein Mensch ist kein Mensch, ehe er nicht ein eigenes Haus hat.»

1947 erhielten die Mandelas erneut Nachwuchs. Tochter Makaziwe kränkelte jedoch von Geburt an und starb im Alter von neun Monaten an Hirnhautentzündung. Nach wie vor lebte die kleine Familie in ärmlichen Umständen. Als sich Mandela entschloss, sein Jura-Studium Vollzeit zu betreiben, musste er vom Bantu-Sozialfonds zweimal Kredite für Studiengebühren und Bücher erbitten. An der Universität spürte er eine latente Feindseligkeit, selbst wenn niemand das beleidigende Wort «Kaffer» – abgeleitet vom arabischen «kafir», was ursprünglich «Ungläubiger» bedeutete – in den Mund nahm. Aber Wits eröffnete ihm auch eine «neue Welt, eine Welt voll Ideen, politischer Überzeugungen und Debatten, eine Welt, in der Menschen leidenschaftlich an Politik interessiert waren». Dort entwickelte er erstmals politische Kontakte zu Menschen anderer Hautfarbe. Er traf Joe Slovo und dessen spätere Frau Ruth First, Bram Fischer, George Bizos und Ismail Meer, die alle gegen die Rassentrennung kämpften. Ironischerweise gingen Mandelas wachsende Freundschaften mit diesen weißen und indischen Kommunisten und Radikalen einher mit seinem immer ausgeprägteren schwarzen afrikanischen Nationalismus. So sehr er die neuen Mitstreiter persönlich schätzte, so sehr fürchtete er, sie fühlten sich ihm intellektuell überlegen und würden den ANC übernehmen, wenn man mit ihnen zusammenarbeitete.

Nach dem plötzlichen Tod des Präsidenten der Jugendliga, Lembede, wurde Mandela 1947 Sekretär der Organisation. Im ANC der Provinz Transvaal erhielt er ebenfalls ein Amt. Die Politik spielte nun eine zunehmend größere Rolle in seinem Leben, er begann, Familie und Studium zu vernachlässigen. Wenn Mandela zu Hause war, was selten genug vorkam, erwies er sich als fürsorglicher Vater, badete die Kinder und kochte ab und zu. Er führte ein sehr diszipliniertes Leben, stand im Morgengrauen auf, joggte und aß danach ein leichtes Frühstück. Bald jedoch entfremdete er sich von Evelyn. In seinen Memoiren schreibt Mandela in knappen, etwas herablassenden Worten, der Anfang vom Ende seiner Ehe sei gewesen, dass er sich immer mehr der Politik, seine Frau sich der Religion zuwandte. Aber die Wahrheit ist vielschichtiger. Evelyn war nicht unpolitisch, sondern in der Krankenschwester-Gewerkschaft aktiv. Obwohl Mandela kaum Geld verdiente, Kredite nicht zurückzahlen konnte und die Mahnschreiben ignorierte, sah er sich als traditionelles Familienoberhaupt. Auch hatte er seine jüngere Schwester Leabie und seine Mutter, der er seit seinem Weggang aus Qunu kaum mehr begegnet war, ins Haus geholt. Damit wohnten nun fünf Personen in den drei kleinen Zimmern. Diese Vielfachbelastung durch Studium, Politik, Schulden und ein überfülltes Heim ließ ein normales Familienleben kaum zu. Trotz der angespannten finanziellen Lage gehörten die Mandelas zur winzigen schwarzen Elite. Der Zensus von 1946 zählte gerade einmal 18 schwarze Anwälte und 13 schwarze Anwaltsgehilfen im Land, Evelyn war eine von nur 190 schwarzen Krankenschwestern.

1949 endete für Mandela enttäuschend. In seinem letzten Universitätsjahr bestand er drei Kurse nicht und musste den Dekan bitten, ihn zu Nachprüfungen zuzulassen. Im Gegensatz zu ähnlichen Anträgen zweier weißer Kommilitonen wurde seiner abgelehnt. Damit konnte Mandela zwar noch privater Rechtsanwalt werden, aber nicht mehr Anwalt an höheren Gerichten, was sein eigentliches Ziel gewesen war. Mandela erwähnt dieses Vorkommnis in seinen Memoiren nur am Rand, war aber tief getroffen und wütend. Seinem Freund George Bizos erzählte er, der Dekan habe ihm ins Gesicht gesagt, Schwarze könnten eine solch hohe Position nicht bekommen, weil ihnen die Sitten und Gebräuche der Weißen fremd seien. Evelyn glaubte, diese persönliche Schmach habe Mandela veranlasst, sich mit voller Energie in den Kampf gegen die Apartheid zu stürzen.

Der Apartheid-Staat

Dieser Kampf musste Mandela umso wichtiger erscheinen, als sich die Politik der Rassendiskriminierung weiter verschärfte. Schon Smuts hatte als Premierminister einen Streik schwarzer Minenarbeiter 1946 zerschlagen lassen und Indern Landkäufe verboten. Trotzdem unterlag seine Vereinigte Partei bei den Parlamentswahlen 1948 der Vereinigten Nationalen Partei mit ihren Warnungen vor einer «swart gevaar» (schwarzen Gefahr) und ihren Parolen wie «Die Kaffir op sy plek» (Der Kaffer auf seinen Platz). Obwohl Smuts selbst Bure war und rassische Vorurteile hegte, zählte er im Spektrum der weißen südafrikanischen Politik zu den Liberalen. Eine von seiner Partei eingesetzte Kommission hatte kurz vor den Wahlen festgestellt, die Zuwanderung von Schwarzen in die Städte sei eine Realität und eine komplette Rassentrennung «völlig unpraktikabel». Solche Gedanken hielten die meisten Buren für Häresie. Zehntausende von ihnen waren nach dem Krieg gegen die Briten in die Städte abgewandert, weil diese ihre Farmen zerstört hatten und eine Rinderpest wütete. Dort fanden sie in den Minen und Fabriken niedrige Jobs. Die guten Arbeitsplätze und die Firmen lagen in den Händen der englischsprachigen Weißen, deren durchschnittliches Einkommen doppelt so hoch war wie das der Buren. Aufgrund ihrer prekären wirtschaftlichen und sozialen Stellung fürchteten die Buren nichts mehr als die Konkurrenz der Schwarzen. Viele von ihnen hatten zudem im Zweiten Weltkrieg mit den Nazis sympathisiert und es Smuts nicht verziehen, Südafrika an der Seite des Britischen Empire in den Krieg geführt zu haben.

Bei den Wahlen 1948 erzielte die Vereinigte Nationale Partei zwar mit 402 000 Wählern nur 38 Prozent aller Stimmen, während Smuts' Partei auf 524 000 Wähler und 49 Prozent kam. Aber weil das Wahlrecht die bevölkerungsarmen ländlichen Wahlkreise, wo die Buren die Mehrheit stellten, gegenüber den städtischen bevorzugte, gewannen die Vereinigte Nationale Partei und eine mit ihr verbündete extreme Partei 79 der 153 Parlamentssitze. Viele im ANC, auch Mandela, waren völlig überrascht. Gebildete, städtische Schwarze hielten die Buren für Hinterwäldler. «Wir kannten die Buren nur als Straßenbahnfahrer, Schaffner und Polizisten», sagte ein schwarzer Freund Mandelas. «Wir waren der Meinung, sie könnten das Land nicht regieren.» Aber er täuschte sich. Die Nationale Partei, wie sie sich bald wieder nannte, sollte bis 1994 an der Macht bleiben. Angetrieben wurde sie von einer nationalistischen Ideologie, die alttestamentarische Gewissheiten über die eigene Reinheit und Auserwähltheit mit moderner Politik verband.

Die neue Regierung unter Premierminister D. F. Malan ging unverzüglich daran, alle englischsprachigen Südafrikaner aus Beamtenapparat, Streitkräften, Polizei und Staatsunternehmen wie der Eisenbahn zu entfernen und durch ausgewählte Buren zu ersetzen, vor allem Mitglieder des radikalen *Broederbond*. Als nächstes rückten die Nicht-Weißen ins Fadenkreuz der NP. Die neuen Herren propagierten eine Politik der *Apartheid*. Den Begriff hatten burische Intellektuelle in den 1930er Jahren aufgebracht, in Afrikaans bedeutet er «Getrenntsein». Die NP konnte zwar anfangs nicht präzise erklären, was ihre Apartheid-Politik bezwecken sollte, aber bald wurde deutlich, dass sie auf rassischer Klassifizierung und physischer Separierung fußen würde. Alte Vorschriften und Regeln, die die Schwarzen über Jahrhunderte diskriminiert hatten, sollten jetzt kodifiziert und zu einem monolithischen System konsolidiert werden. Im letzten ging es der Regierung um die Zementierung der weißen Oberherrschaft, notfalls mit Polizeistaats-Methoden. Zwei Millionen Weiße wollten zehn Millionen Schwarze und drei Millionen Farbige und Inder dauerhaft überwachen.

In den nächsten zehn Jahren verabschiedete das Parlament eine Reihe von Gesetzen, die die Eckpfeiler des Apartheid-Systems bildeten. 1949 wurden Mischehen verboten, ein Jahr später Sex zwischen Angehörigen unterschiedlicher Hautfarben. Das Bevölkerungsregistrierungs-Gesetz (Population Registration Act) von 1950, die Basis für alle weiteren Rassengesetze, teilte jeden im Lande in eine von vier rassischen Gruppen (Weiße, Farbige, Asiaten, Schwarze) ein. Die Zuordnung geschah nach bestimmten Kriterien, lag aber oft im Ermessen des Beamten. Bei der Unterscheidung von Farbigen und Schwarzen bediente man sich häufig des Stift-Tests. Dabei steckte man der Person einen Stift ins Haar und ließ sie den Kopf schütteln. Blieb der Stift stecken, galt sie als schwarz. Die Rassenkategorie wurde in den Lichtbild-Ausweis mit einem Buchstaben eingetragen, etwa «C» für Farbige (Coloured). Schwarze mussten den Pass außerhalb der Reservate stets bei sich tragen und durften sich ohne Arbeitserlaubnis nur kurz in den Städten aufhalten. Das Ausweissystem stand emblematisch für die systematische und umfassende Kontrolle, die die Regierung über die Schwarzen ausüben wollte. Das Gruppengebiete-Gesetz (Group Areas Act) schrieb getrennte Wohnbereiche für die verschiedenen Rassen fest, wobei die Weißen natürlich immer die besten Stadtteile zugewiesen bekamen.

Zentrales Projekt der ‹großen Apartheid› war das Bantu-Behördengesetz (Bantu Authorities Act), das die Reservate in *Bantustans* umwandelte. Der Begriff setzte sich zusammen aus «Bantu», was in einigen schwarzen Sprachen «Menschen» bedeutet und zugleich die Bezeichnung der Regierung für alle Schwarzen war, und aus «stan», persisch für Land. Ziel war es, alle Schwarzen zu Bürgern dieser Gebilde zu machen, ihre Bewegungsfreiheit einzuschränken und ihnen ihre Rechte in Südafrika zu entziehen. 70 Prozent der südafrikanischen Bevölkerung sollten künftig auf gerade einmal 13 Prozent der Fläche des Landes leben. Diese Marionettenstaaten, auch *Homelands* genannt, erhielten eigene Regierungen und Verwaltungen. Pretoria stellte ihnen Gelder zur Verfügung und bezahlte auch die

Häuptlinge und Dorfvorsteher. 1959 erlaubte das Apartheid-Regime den Homelands im Bantu-Selbstregierungsgesetz, sich zu quasi-unabhängigen Staaten zu erklären. Der ANC kritisierte diese Politik scharf als Versuch, die Schwarzen zu spalten und gegeneinander auszuspielen. Mandela überwarf sich wegen der Homeland-Frage sogar mit seinem geschätzten Neffen Kaiser Matanzima, als dieser 1956 in die Homeland-Regierung eintrat und 1963 das Amt des Premierministers in der «unabhängigen» Transkei übernahm. In Mandelas Augen wurde er damit zum Kollaborateur Pretorias. Letztlich erreichte die Homeland-Politik ihre Ziele nicht. Obwohl die Regierung drei bis vier Millionen Schwarze zwangsumsiedelte und ihre Häuser zerstörte, lebten nie mehr als 55 Prozent der Schwarzen in den Homelands.

Zu dieser großangelegten Vertreibungspolitik kamen Maßnahmen der ‹kleinen Apartheid›, die den Alltag der Nicht-Weißen prägten. Sie reichten von der Trennung der Eingänge zu Krankenhäusern, Postgebäuden, Rathäusern und Toiletten über das Verbot für Schwarze, öffentliche Parks zu betreten, bis hin zu separaten Abteilen in Bussen und Zügen und unterschiedlichen Abschnitten am Strand. Auch Schulen, Colleges und Universitäten trennte man nach Hautfarbe. Mit dem Bantu-Ausbildungsgesetz (Bantu Education Act) von 1953 verloren fast alle 4400 Missionsschulen, in die 90 Prozent der schwarzen Kinder gingen, ihre Staatszuschüsse und mussten schließen oder wurden von der Regierung übernommen. Fortan wandte Pretoria deutlich mehr Geld für einen weißen als für einen schwarzen Schüler auf, auf dem Höhepunkt 1968 etwa pro Kopf 16 Mal so viel. Für Schwarze gab es keine Schulpflicht, und nur in den unteren Klassen war der Schulbesuch kostenlos. Statt Englisch, die Sprache der bei den Buren verhassten Briten, und Mathematik zu lernen, sollten schwarze Schüler Grundkenntnisse in praktischen Fächern erwerben. Ziel der Maßnahmen war der untertänige und gefügige Schwarze, dessen Ausbildung ihn nicht zu einem Konkurrenten der Weißen machte und der wenig anspruchsvolle Arbeiten in Minen, Industrie und Landwirtschaft übernahm. Für den Schwarzen, so der Minister für Bantu-Angelegenheiten und spätere Premier H. F. Verwoerd, «gibt es keinen

Platz ... in der europäischen Gemeinde über einem bestimmten Arbeitsniveau ... Deshalb ist es vergeblich für ihn, eine Ausbildung zu erhalten, die das Ziel hat, ihn in die europäische Gemeinde zu integrieren». Bald bestimmten Rassengesetze jeden Aspekt des öffentlichen und privaten Lebens in Südafrika.

Die Jugendliga als treibende Kraft des Widerstands

Die Apartheid-Politik der Nationalen Partei brachte die Jugendliga und Mandela in eine Bredouille. Auch wenn die schwarzen Nationalisten nicht wie die burischen auf die gewaltsame Unterdrückung einer anderen ethnischen Gruppe abzielten, sprachen sie sich doch für eine Absonderung der Rassen und gegen eine politische Kooperation über Hautfarben-Grenzen hinweg aus. Gleichzeitig radikalisierten die Apartheid-Gesetze die Jugendliga weiter. Mandela, Sisulu und Tambo stellten Xuma ein Ultimatum: Sie würden seine Wiederwahl als ANC-Präsident nur unterstützen, wenn er ihre Forderung nach illegalem Massenwiderstand mittrug. Xuma lehnte dies ab und warf die drei trotz Ausgangssperre mitten in der Nacht aus seinem Haus. Das war sein politisches Ende. Auf der ANC-Konferenz 1949 stürzten ihn seine Gegner durch ein Misstrauensvotum und nahmen das Aktionsprogramm der Jugendliga mit seinem Aufruf zu einem landesweiten Streik am 26. Juni 1950 an. Aber auch der neue ANC-Präsident, der Arzt Dr. James Moroka, stärkte der Jugendliga nicht wie erhofft den Rücken – im Gegenteil. Er traf sich mit Führern der indischen und der kommunistischen Partei und vereinbarte mit ihnen zwei Monate vor dem beschlossenen ANC-Streik einen gemeinsamen nationalen Protesttag. Die Jugendliga fühlte sich brüskiert, zumal die Beziehungen zwischen Indern und Schwarzen seit den Durban-Unruhen angespannt waren. Die Unruhen hatten sich daran entzündet, dass ein indischer Ladenbesitzer angeblich einen schwarzen Dieb verprügelte. 50 Inder und 87 Schwarze starben bei den Ausschreitungen. Der Vorfall warf ein Schlaglicht auf die Rivalität zwischen den unterschiedlichen nicht-weißen Gruppen in Südafrika. Denn obwohl Inder wie Schwarze unter der Apartheid litten, standen die Schwarzen in Wirtschaft, Gesellschaft und Politik auf der untersten Stufe, und viele von ihnen betrachteten die erfolgreiche indische Händlerklasse mit Misstrauen.

Trotzdem setzte sich angesichts der zunehmenden Repression durch die Regierung in der Jugendliga langsam die Auffassung durch, dass man auch mit anderen Gruppen kooperieren müsse. Nachdem der landesweite Streik nicht so viel Zulauf gefunden hatte wie erhofft, plädierte Sisulu dafür, bei der geplanten Kampagne des zivilen Ungehorsams gegen die neuen Gesetze mit Nicht-Schwarzen zusammenzuarbeiten. Mandela argumentierte dagegen, verlor aber die Abstimmung. Unter dem Eindruck seiner Freundschaften mit Kommunisten und Indern sowie des Verbots der südafrikanischen KP begann er allerdings, seine Auffassung zu überdenken. Ihm war bewusst, dass das «Unterdrückung des Kommunismus»-Gesetz von 1950 als Allzweckwaffe auch gegen andere Oppositionsgruppen eingesetzt werden könnte. Mandela las *Das Kapital* und *Das Manifest der Kommunistischen Partei* und fand, dass sich Marx' klassenlose Gesellschaft nicht sehr vom Leben einer schwarzen Gemeinde auf dem Land unterschied. Der Aufruf zur Revolution war ohnehin Musik in den Ohren eines Widerstandskämpfers. In seinen Reden bediente er sich jetzt marxistischer Begriffe und Denkfiguren, Südafrika sah er in typisch kommunistischer Interpretation auf dem Weg zu einem offen faschistischen Staat. Mandela «revidierte», wie er in seinen Memoiren lakonisch schreibt, seine Meinung über die Kommunisten und akzeptierte die Position des ANC, sie in seinen Reihen willkommen zu heißen. Eine tiefere intellektuelle oder moralische Auseinandersetzung mit den Regimen in der Sowjetunion, China oder Mittel- und Osteuropa ging diesem Positionswandel offenbar nicht voraus. Das ist verwunderlich, praktizierten kommunistische Staaten mit dem Gulag, den Schauprozessen, dem absoluten Machtanspruch einer Partei doch genau die Art von politischer Unterdrückung, gegen die er in Südafrika kämpfte. Die ganzen 1950er Jahre hingen Bilder von Lenin und Stalin über Mandelas Schreibtisch in seinem Haus in Orlando.

Im ANC hielt man Mandela für einen Mann mit Führungspotential. Sein scharfer Intellekt, sein selbstsicheres Auftreten und sein Charisma ließen kaum jemanden unbeeindruckt. Mandelas ungewöhnliche Größe, sein durchtrainierter Körper, seine aufrechte Haltung und der schicke neue zweireihige Anzug verliehen ihm eine Aura des Herrschaftlichen, ja Aristokratischen. 1950 wurde er Präsident der Jugendliga, und auch sein Einfluss im ANC wuchs. Damit sei er zum «Teilhaber jener Macht» geworden, bekannte er in seinen Memoiren, gegen die er «einst rebelliert» hatte. Mandela war sich seiner Wirkung durchaus im Klaren. Weiteres Selbstbewusstsein schöpfte er aus der Tatsache, dass die von ihm im April 1952 mitorganisierten Proteste gegen sechs ungerechte Apartheid-Gesetze großen Zulauf fanden. Bei einem Essen zu Ehren von Professor Z. K. Matthews, seinem Mentor an der Fort Hare-Universität und einem Vordenker der Organisation, überraschte er die alte ANC-Riege mit der Ankündigung, er freue sich schon darauf, der erste schwarze Präsident Südafrikas zu werden. Mandelas zunehmend prominente Rolle in der Partei lässt sich auch daran ablesen, dass sich die Staatspolizei für ihn zu interessieren und seine Reden aufzuzeichnen begann. Da Premierminister Malan einem ANC-Ultimatum nach Aufhebung der sechs Gesetze wie erwartet nicht nachkam, deutete Mitte 1952 alles auf eine Konfrontation mit der weißen Regierung hin.

3. Der Freiheitskämpfer

Am 26. Juni 1952 begann die Kampagne zur «Missachtung der ungerechten Gesetze». Das Datum sollte später als «Freiheitstag» in die ANC-Annalen eingehen. Ohne Zugang zu Massenmedien erforderte die Planung und Koordinierung der Proteste einen enormen Zeitaufwand. Mandela, der seit dem Erhalt seines Rechtsdiploms als Anwalt in einer weißen Kanzlei arbeitete, stürzte sich mit Feuereifer in die Aufgabe. Er war jeden Tag im ANC-Büro, reiste zu Parteiveranstaltungen, hielt Reden im ganzen Land. In Durban sprach er zu 10 000 Menschen. Mandela beschrieb diese Rede als «erhebendes Erlebnis», zumal ihm nicht nur Schwarze, sondern auch viele Inder und Farbige zuhörten. Der erfolgreiche Auftritt muss seinem ohnehin nicht kleinen Ego geschmeichelt und ihm gezeigt haben, welch süßer Lohn die Gefolgschaft der Massen für die viele harte Arbeit war. Auf jeden Fall stärkte er Mandelas Bereitschaft, noch mehr Verantwortung im ANC zu übernehmen. Wie hunderte Widerständler im ganzen Land provozierte er seine Inhaftierung durch einen Akt zivilen Ungehorsams, in seinem Fall durch einen, allerdings zu diesem Zeitpunkt ungeplanten, Verstoß gegen die Ausgangssperre. Es sollte der erste von mehreren Gefängnisaufenthalten sein, wobei Mandela im Gegensatz zu vielen anderen bis auf einen Tritt ans Schienbein nie physische Gewalt erleiden musste. Alle Inhaftierten wurden gemäß dem «Unterdrückung des Kommunismus»-Gesetz angeklagt und zu neunmonatiger Haft mit Zwangsarbeit verurteilt, die der Richter allerdings für zwei Jahre zur Bewährung aussetzte.

Die Missachtungskampagne trieb die Mitgliederzahl im ANC von 20 000 auf 100 000. Aber es gab auch Rückschläge. Im Oktober 1952 brachen im Ostkap Krawalle aus, nachdem das Militär eine Demonstration gewaltsam aufgelöst hatte und acht Schwarze dabei ums Leben gekommen waren. Aus Rache töteten aufgebrachte Protestierer zwei Weiße, darunter eine Nonne, deren Leichen sie noch dazu verstümmelten. Mandela und andere ANC-Führer versuchten, eine Eskalation der Unruhen zu verhindern. Als die Regierung die Strafen für Akte zivilen Ungehorsams verschärfte und der Enthusiasmus bei den Demonstranten abzuflauen begann, verkündete der ANC das Ende der Missachtungskampagne. Trotzdem war sie ein Erfolg. Nach Jahrzehnten der Passivität hatte sie den ANC neu definiert als Organisation mit Massenbasis und Speerspitze der Proteste gegen die Apartheid-Gesetze. Und sie hatte den Aufstieg eines neuen Führers gesehen: Nach der Wahl des Zulu-Häuptlings Albert Luthuli zum ANC-Präsidenten im Dezember 1952 als Nachfolger des kleinmütigen Moroka rückte Mandela als ANC-Chef im Transvaal zu einem seiner vier Stellvertreter auf. Im Ansatz waren bei ihm bereits jene Eigenschaften zu erkennen, die ihn in den nächsten zehn Jahren zum populärsten Vertreter des schwarzen Widerstands machen sollten: seine bedingungslose Hingabe an die Sache, sein taktisches Geschick, sein Pragmatismus sowie sein Gespür für die dramatische Geste und den richtigen Zeitpunkt.

Als ein Cheforganisator der Missachtungskampagne und stellvertretender ANC-Präsident geriet Mandela automatisch ins Visier der Staatsmacht. Das Justizministerium verbot ihm sechs Monate lang jede Beteiligung an Versammlungen und untersagte ihm, den Bezirk Johannesburg zu verlassen. Dieser «Bann» war «ein typisch südafrikanisches Instrument der politischen Strafjustiz». Er bildete nur den ersten in einer Reihe von Bannen, mit denen die Regierung Mandelas Freiheit bis zu seiner Inhaftierung 1963 beschnitt. Da sein ANC- und Jugendliga-Engagement damit eingeschränkt war, konzentrierte sich Mandela auf seinen Beruf. Nach der Arbeit in einigen weißen Rechtsanwaltskanzleien machte er sich Ende 1952 mit seinem Freund Oliver Tambo selbständig.

Um als Schwarze ein Büro in Johannesburg anmieten zu können, benötigten sie eine Sondergenehmigung des Ministeriums. Die wurde ihnen verweigert, und die vorläufige Erlaubnis lief bald aus. Die Behörden wollten sie so zwingen, ihr Büro in ein schwarzes, für ihre Klienten fast unerreichbares Wohngebiet zu verlegen. Mandela und Tambo beschlossen, einfach illegal in ihren Räumen zu bleiben. Fast die gesamten 1950er Jahre war ihre Anwaltskanzlei die einzige schwarze in Südafrika. Sie bot Hilfesuchenden Rat und Schutz und hatte riesigen Zulauf. Angesichts der Fülle an diskriminierenden Apartheid-Gesetzen gerieten Schwarze andauernd mit irgendwelchen Vorschriften in Konflikt, vor allem mit den Passgesetzen. Es war illegal, ohne Beschäftigungsnachweis die Homelands zu verlassen, es war illegal, in einem als «weiß» deklarierten Gebiet zu wohnen, es war illegal, afrikanisches Bier zu brauen oder zu trinken, in einem «Nur-für-Weiße»-Bus zu fahren oder ·durch eine «Nur-für-Weiße»-Tür in Regierungsgebäude zu gehen. 1959, dem Rekordjahr, kam es zu 1,8 Millionen Anklagen gegen Schwarze wegen solcher «Vergehen». Jeden Morgen um acht Uhr, wenn

Mandela und Tambo im Büro eintrafen, warteten schon Dutzende Männer und Frauen auf sie. Da Mandela häufig politische Geschäfte zu erledigen hatte, fiel es vor allem Tambo zu, die Praxis mit seinem Arbeitseifer am Laufen zu halten.

Oft vertraten sie ihre Mandanten im Gerichtssaal, Tambo vorsichtig und zurückhaltend, Mandela flamboyant und leidenschaftlich, bisweilen theatralisch. Die Gerichte waren das letzte Refugium im Apartheid-Staat, wo Schwarze hoffen konnten, Gehör zu finden. Als ein Richter Mandela während eines Prozesses feindselig und mit kaum verhohlenem Rassismus behandelte, appellierte dieser mit Erfolg an das Oberste Gericht, den Richter auszuwechseln. Er spielte aber bisweilen auch selbst die Rassen-Karte. Eine Weiße, die ihre schwarze Hausangestellte des Kleider-Diebstahls bezichtigte, brüskierte Mandela, indem er im Gerichtssaal mit der Spitze seines Bleistifts von allen vorgelegten angeblichen Beweisstücken zielsicher einen Schlüpfer in die Höhe hob. Dann schlenderte er damit zum Zeugenstand und fragte: «Madam, ist dies … Ihrer?» «Nein», erwiderte sie hastig, weil es ihr zu peinlich war, gegenüber einem schwarzen Anwalt zuzugeben, dass ihr das Höschen sehr wohl gehörte. Der Richter wies die Klage ab. Aber nicht immer ging es um Bagatellen, und Mandela setzte zum Missfallen eines Weggefährten auch auf «rassische Spannungen», wenn schwere Vorwürfe verhandelt wurden. Einen angeblichen schwarzen Vergewaltiger verteidigte Mandela, indem er das mutmaßliche Opfer im Kreuzverhör fragte, ob der Angeklagte ihr die Unterwäsche ausgezogen habe und mit seinem Penis in ihre Vagina eingedrungen sei. Eine weiße Frau mit rassischen Vorurteilen konnte einem Schwarzen eine solche Frage in der damaligen Zeit einfach nicht beantworten. Mandelas Mandant kam frei.

Hinwendung zur Gewalt

Mandelas Tage waren Anfang/Mitte der 1950er Jahre übervoll. Seine Anwaltskanzlei forderte lange Stunden, und trotzdem schien es, als würde der Strom von Hilfesuchenden nicht abreißen. Darüber hinaus schrieb er häufig Artikel für die linksintellektuelle Zeitschrift *Liberation*. Schließlich gab es die junge Familie, eine zunehmend unglückliche Ehe und ein hektisches Liebesleben.

Es war aber die Politik, die Mandela am meisten beanspruchte, war er doch inzwischen eine führende Figur im ANC. Das Schicksal der Kommunistischen Partei und der Bann der ANC-Führer schienen ihm untrügliche Anzeichen für ein baldiges Verbot des ANC. Um die Organisation in einem solchen Fall trotzdem funktionsfähig zu halten, entwickelte er im September 1953 den «M-Plan». «M» stand für «Mandela», aber seinen Namen zu nennen, hätte seine Tätigkeit für den ANC aufgedeckt, und die war ihm wegen eines erneuten Banns verboten. In einer Rede, die er selbst nicht halten durfte und die deshalb verlesen wurde, forderte er eine zentralistische Struktur für den ANC. Sie sollte die innerparteilichen Rivalitäten beenden, die Organisation auf Untergrund-Operationen vorbereiten und ihre Schlagkraft erhöhen. Der ANC nahm den Plan an, selbst wenn er nur mit bescheidenem Erfolg umgesetzt wurde. Diese militante Linie Mandelas unterstrich auch das Bemühen, Verbindungen zu anderen afrikanischen Widerstandsgruppen und zu kommunistischen Staaten aufzunehmen. Als Sisulu nach Bukarest und Moskau reiste, bat ihn Mandela, weiter nach Peking zu fliegen und die Chinesen zu fragen, ob sie ihnen Waffen für einen bewaffneten Kampf liefern würden. Sisulu bekam nur eine ausweichende Antwort. Angesichts der immer brutaleren Unterdrückung des schwarzen Widerstands durch die Regierung rückte Mandela mehr und mehr von der Politik der Gewaltlosigkeit ab, die für ihn sowieso kein «unantastbares Prinzip», sondern eine «Taktik» darstellte. «Ich wollte den gewaltlosen Protest nur, solange er effektiv war», bekannte er in seinen Memoiren. Dies war seiner Meinung nach kaum mehr gegeben. Gleichzeitig arbeitete der ANC immer enger mit den Organisationen der Inder und Farbigen, mit den Gewerkschaften und den Kommunisten zusammen. Matthews, der Vordenker des ANC, war von seiner Gastprofessur in den USA mit der Idee zurückgekommen, einen nationalen Volkskongress einzuberufen. Sein Ziel sollte es sein, eine «Freiheits-Charta» für ein demokratisches, nicht-rassisches Südafrika zu entwerfen. Mandela nahm an den Diskussionsrunden zu ihrer Vorbereitung teil.

Ende 1953 erhielt seine politische Karriere einen weiteren Schlag versetzt. Kaum war sein erster Bann im Juni ausgelaufen, verhängte das Justizministerium einen weiteren gegen ihn und ordnete an, er müsse aus dem ANC austreten, dürfe zwei Jahre lang Johannesburg nicht verlassen und an keinen Zusammen-künften mehr teilnehmen. Nach fast zehn Jahren konnte Man-dela nicht mehr offiziell für den ANC arbeiten. Damit rückte er, wie er später schrieb, «aus dem Zentrum des Kampfes an den Rand, aus einer bedeutenden Funktion in eine periphere». Man-dela reagierte auf die Versuche der Regierung, ihn kaltzustellen, mit militanter und marxistisch inspirierter Rhetorik. Es gab aber auch einen Lichtblick. Die Anwaltsvereinigung von Trans-vaal scheiterte mit dem Versuch, Mandela wegen seiner politi-schen Aktivitäten von der Liste der akkreditierten Anwälte streichen zu lassen. Ein Richter wies den Antrag der Anwalts-vereinigung ab und bürdete ihr sogar die Kosten für das Verfah-ren auf. Mandela erhielt bei dem Ausschlussgesuch selbst von burischen Kollegen Unterstützung. Dies zeigte ihm, dass selbst im Apartheid-System einige den Mut hatten, einen Rest an Rechtsstaatlichkeit aufrechtzuerhalten. Politisch musste Man-dela jedoch weiter aus dem Hintergrund agieren, so auch bei der nächsten großen Aktion des ANC nach der Missachtungs-Kampagne: dem Kampf um den Erhalt Sophiatowns. Denn die Regierung plante, die Township sechs Kilometer westlich von Johannesburg abzureißen.

Sophiatown stellte eine Anomalie im Apartheid-Südafrika dar. Es war gemischtrassig, Schwarze besaßen Wohneigentum, und es gab eine lebendige städtische Kultur mit Kneipen und Jazz. Afrikanische Musikgrößen wie Dolly Rathebe, Miriam Makeba und Dollar Brand, der sich später in Abdullah Ibrahim umbenannte, spielten in den Clubs. Schriftsteller, Fotografen und Maler lebten hier. Aber Sophiatown war auch übervölkert, voll von *Shanties*, Baracken, und *Tsotsis*, Gangstern. Die hygie-nischen Zustände waren katastrophal. Die Regierung ordnete 1953 an, die 65 000 Bewohner bei minimalen Kompensationen umzusiedeln, die Gebäude niederzuwalzen und eine rein weiße Vorstadt mit dem Namen *Triomf*, Triumph, zu errichten. Der ANC beschloss, dies zu verhindern. Mandela sollte den Widerstand als erste größere Kraftprobe mit der Regierung nach der Missachtungs-Kampagne von 1952 organisieren. In scharfen Worten klagte er den Premierminister an, die Bewohner «auf das offene Feld» werfen zu wollen, und versprach, im «Kampf zwischen den Kräften der Befreiung und der Faschisten» würden die Kräfte der Befreiung siegen. Allerdings gelang es der Regierung, viele der Mieter mit dem Versprechen besserer Lebensumstände in den neuen Quartieren für sich zu gewinnen. Konfrontiert mit dem Scheitern der Kampagne, riefen Mandela und andere zu Vorbereitungen für einen gewaltsamen Widerstand auf. «Gewalt [ist] die einzige Waffe, welche die Apartheid vernichten» wird, sagte Mandela und bekannte in seinen Memoiren, dass er sich in der Rolle des «Volksaufwieglers» durchaus gefiel. Bei den meisten Zuhörern, vor allem bei der Jugend, kam diese martialische Rhetorik gut an. Aber der ANC rügte ihn streng für seine «impulsive Politik»; Gewalt sei verfrüht und gefährlich, weil sie den Feind provozieren könne, die noch schwache Organisation zu zerschmettern. Mandela verteidigte daraufhin öffentlich die Politik der Gewaltlosigkeit, selbst wenn er «im Inneren» wusste, dass sie «nicht die Antwort war». Die Umsiedlungen begannen am 9. Februar 1955 unter riesigem Polizeiaufgebot ohne nennenswerte Protestaktionen, 1963 war der ganze Stadtteil abgerissen.

Die Freiheits-Charta

War diese Niederlage des ANC nur eine lokale, so erlitt er wenige Monate später eine nationale. Als Antwort auf das Bantu-Ausbildungsgesetz beschloss das ANC-Exekutivkomitee nämlich einen einwöchigen Schulboykott. Aber er fand kaum Unterstützung. Der ANC setzte seine ganze Hoffnung deshalb auf den von Matthews angeregten Volkskongress. Er sollte die frustrierten Mitglieder mobilisieren, die Handlungsfähigkeit der Organisation demonstrieren und eine breite Allianz mit indischen, far-

bigen und weißen Apartheid-Gegnern begründen. Ziel war die
Verabschiedung einer Freiheits-Charta. In einer Nacht-und-
Nebel-Aktion erarbeitete Lionel «Rusty» Bernstein, ein jüdi-
scher Kommunist, aus tausenden Eingaben und Vorschlägen im
Juni 1955 einen Entwurf, den weder sein Initiator, Professor
Matthews, noch der erkrankte ANC-Chef Luthuli zu sehen bekamen. Dass ausgerechnet ein Weißer das wichtigste Dokument
des ANC für die nächsten vierzig Jahre verfasste, war politisch
heikel. Mandela scheint sich dessen bewusst gewesen zu sein. In
seinen Memoiren verschweigt er die Autorenschaft Bernsteins
und behauptet, ein «kleines Komitee» habe das Dokument aus-
gearbeitet – ein «Komitee aus einer Person in Wahrheit», wie
Mandela-Biograf David James Smith süffisant anmerkt.

Fast 3000 Delegierte, darunter 329 Inder, 230 Farbige und
112 Weiße, kamen am 25. und 26. Juni 1955 in Kliptown
25 Kilometer südlich von Johannesburg zur bis dahin größten
gemischtrassigen Konferenz in Südafrikas Geschichte zusammen. Am zweiten Tag wurde die Freiheits-Charta verlesen und
Abschnitt für Abschnitt angenommen. Da das Justizministerium die wichtigsten ANC-Führer von der Teilnahme an öffentlichen Versammlungen ausgeschlossen hatte, mussten Mandela
und Sisulu die Geschehnisse vom Dach eines Geschäfts in der
Nähe verfolgen. Die Polizei war omnipräsent, protokollierte
alle Redebeiträge und stürmte schließlich mit gezogenen Waffen
das Podium. Unter dem Vorwurf des «Verdachts auf Hochverrat» brach sie den Volkskongress ab, beschlagnahmte Dokumente und nahm Namen und Adressen aller Anwesenden auf.
Aber die Freiheits-Charta war verabschiedet. Sie stellte mit ihren idealistischen Forderungen nach gleichen Rechten für alle
Bürger und Abschaffung aller diskriminierenden Gesetze einen
Meilenstein im Kampf gegen die Apartheid dar.

Allerdings war sie im ANC nicht unumstritten. Schwarze Nationalisten attackierten den Text für sein Bekenntnis zu einer
gemischtrassigen Gesellschaft. In der Präambel hieß es nämlich:
«Wir, die Menschen von Südafrika, erklären zur Kenntnis für
unser ganzes Land und die Welt: Daß Südafrika allen gehört,
die dort leben, Schwarzen wie Weißen, ... daß nur ein demokra-

tischer, auf dem Willen der Menschen aufgebauter Staat allen
ihr Geburtsrecht sichern kann, ohne Ansehen von Farbe, Rasse,
Geschlecht oder Glauben.» Bei traditionellen ANC-Führern wie
Luthuli schürte dagegen die Forderung, dass der «Erzreichtum
im Boden, die Banken und Monopolindustrien ... als Ganzes in
den Besitz des Volkes» übergehen sollen, Ängste vor dem Ent-
stehen eines sozialistischen Staats. Wegen vielfältiger Widerstände dauerte es bis zum April 1956, dass der ANC das Dokument offiziell annahm. Trotzdem war die Freiheits-Charta ein
moralischer Sieg. In einer Zeit, in der die Regierung die Dominanz der Weißen mit allen Mitteln durchzusetzen versuchte,
sprach sich der ANC für ein Südafrika ohne Rassenschranken
aus. Gleichzeitig zeigten die Diskussionen um die Freiheits-
Charta, dass die Macht im ANC an eine neue Generation um
Tambo, Sisulu und Mandela überging.

Bald nach Auslaufen seines zweiten Banns im September
1955 unternahm Mandela eine ausgedehnte Reise durch Südafrika. Dabei musste er feststellen, wie schwach die Veranke-
rung des ANC in den ländlichen Gebieten war und wie sehr sich
die Häuptlinge in den Homelands mit der Regierung zu arrangie-
ren versuchten. Ganz Pragmatiker, schlug er nach seiner Rückkehr nach Johannesburg dem Arbeitskomitee des ANC vor, die
Bantu-Behörden in den Homelands zu nutzen, um den Einfluss
der Partei zu verbessern. Mandela gab zu, dass er früher gegen
einen solchen Vorschlag «die heftigsten Einwände» erhoben
hätte. Jetzt war er bereit, die Strukturen der Apartheid für die
eigenen Zwecke zu nutzen. Im Februar 1956 belegte ihn das
Justizministerium zum dritten Mal mit einem Bann, diesmal auf
fünf Jahre. Mandela beschloss, sich den Regeln seiner Verfolger
nicht länger unterzuordnen. Er traf sich weiter mit den anderen
ANC-Führern und plante die Strategie der Organisation mit.
Auch versuchte er, die Kritik an der Freiheits-Charta zu entkräf-
ten. In einem Beitrag für *Liberation* lobte Mandela die Charta
als «Inspiration» für das südafrikanische Volk und betonte, sie
sei keine «Blaupause für einen sozialistischen Staat». Ohne Ver-
gesellschaftung der Monopole könnten die Schwarzen jedoch
nicht am nationalen Wohlstand teilhaben: «Das Aufbrechen

und die Demokratisierung dieser Monopole werden frische Felder für die Entwicklung einer prosperierenden nicht-europäischen Bourgeoisie-Klasse öffnen. Zum ersten Mal in der Geschichte dieses Landes wird die nicht-europäische Bourgeoisie die Möglichkeit haben, in ihrem eigenen Namen und Recht Fabriken und Betriebe zu besitzen, und Handel und Privatunternehmen werden boomen und blühen wie nie zuvor.» Bemerkenswerterweise strich Ruth First diese beiden Sätze in der von ihr 1965 in London herausgegebenen Sammlung von Mandelas Reden und Schriften. Auf der entsprechenden ANC-Website finden sie sich bis heute ebenfalls nicht. Offensichtlich war und ist Mandelas Bekenntnis zur Marktwirtschaft einigen unerträglich.

Von Evelyn zu Winnie

Ein paar Jahre nach der Geburt des zweiten Sohns Makgatho ging seine Frau Evelyn für einige Monate auf die Hebammenschule in Durban. Jetzt, wo die Kanzlei eröffnet und die Familie nicht mehr allein auf ihr Einkommen angewiesen war, wollte sie sich diesen lang gehegten Wunsch erfüllen. 1953 brachte sie eine zweite Tochter zur Welt, die die Eltern wieder Makaziwe nannten. Aber bald fand Evelyn heraus, dass etwas nicht mehr stimmte in ihrer Ehe. In seinem Memoirenentwurf, den er Mitte der 1970er Jahre heimlich im Gefängnis abfasste, ging Mandela auf seine Zeit mit Evelyn nicht ein. Auf Drängen seiner Mithäftlinge, die seine Aufzeichnungen kommentierten und mehr über seine erste Ehe erfahren wollten, sagte er, darüber spreche er nicht mit «kleinen Jungen». Man solle nur einen Satz an dieser Stelle einfügen: «Und dann führte ich ein durch und durch unmoralisches Leben.» Auch in *Der lange Weg zur Freiheit* macht Mandela einen großen Bogen um seine Eheprobleme. Unbestritten ist, dass er in den 1950er Jahren den Ruf eines ‹Ladies' Man› genoss – Frauen fanden ihn überaus attraktiv, und er fühlte sich sehr zu ihnen hingezogen. Obwohl er die traditionelle afrikanische Gesellschaft seiner Jugend hinter sich gelassen hatte, hing er den konservativen Werten jener Welt an. Dazu gehörte, dass es Sache der Männer war, die großen Entscheidungen zu treffen, während sich die Frauen um Kinder und Heim kümmerten. Und dazu gehörte für erfolgreiche Männer ebenfalls, sich so viele Frauen zu nehmen, wie sie es sich leisten konnten.

Tatsächlich begann Mandela, Frauen – seine Sekretärin und eine hohe ANC-Funktionärin – mit nach Hause zu bringen, die ihm ins Schlafzimmer folgten. Als ihn Evelyn zur Rede stellte, wies er sie brüsk ab. Er übernachtete nicht mehr daheim und ließ sich seine Kleidung von einer Cousine waschen. Seine Mutter war so verstört vom Verhalten ihres Sohns, dass sie in die Transkei zurückkehrte. In seinen Memoiren betont Mandela, er sei zwar wenig zu Hause gewesen, habe aber keine anderen Frauen gesehen. Der wirkliche Grund für die Entfremdung sei die wachsende Hinwendung seiner Frau zu den Zeugen Jehovas gewesen. Als er nach seiner Verhaftung 1956 auf Kaution aus dem Gefängnis freikam, habe er das Haus leer vorgefunden. Aber so hat es sich wohl nicht zugetragen. Evelyn berichtete, Mandela habe sie nach einem Streit an der Kehle gepackt, geschüttelt und angebrüllt. Auch später, so gab sie beim Scheidungsgericht zu Protokoll, habe er sie wiederholt geschlagen und mit dem Tode bedroht. Mandela bestritt die Vorwürfe und gab an, seine Frau habe ihn verlassen. Später sagte er, er habe Evelyn bei einem Streit nur abgewehrt und ihr den Arm verdreht, als sie mit einem glühenden Schürhaken auf ihn losgegangen sei.

Vor der Anhörung bei Gericht im November 1956 zog Evelyn ihren Scheidungsantrag jedoch zurück. Wahrscheinlich hatten beide eine Übereinkunft erzielt. Evelyn schien auf Versöhnung zu hoffen, Mandela dürfte viel daran gelegen haben, seine ANC-Karriere nicht mit dem Vorwurf der häuslichen Gewalt belastet zu sehen. Als ihr Mann sie aber weiter kalt behandelte, verließ Evelyn das gemeinsame Heim. Ein Jahr später las sie in einer Zeitung, Mandela lasse sich von ihr scheiden. Sie widersetzte sich nicht. Da Mandela keinen Brautpreis entrichtet hatte, fielen die Kinder nach afrikanischem Brauch der Mutter zu. Er unternahm deshalb den außergewöhnlichen Schritt und zahlte Lobola nach dem Ende der Ehe. Zwar blieben die Kinder bei der Mutter, aber Mandela war zumindest rechtlich involviert.

Er gab Evelyn eine Abfindung und unterstützte die Kinder finanziell. Sein ältester Sohn Thembi litt sehr unter der Trennung von seinem Vater und besuchte ihn kein einziges Mal, als dieser auf der Gefängnisinsel Robben Island einsaß. Dass die Scheidung Anfang 1958 so plötzlich über die Bühne ging, lag vor allem daran, dass Mandela möglichst schnell seine neue Liebe heiraten wollte: Winnie Madikizela. Evelyn wurde aus Mandelas Leben verbannt. Er wies sie ab, als sie ihn nach seiner Verhaftung 1962 in einem Johannesburger Gefängnis sehen wollte. Selbst nach seiner Freilassung besuchte er sie nie in ihrem kleinen Krämerladen in der hintersten Transkei. Winnie behauptete später sogar, Mandelas erste und einzige Frau gewesen zu sein.

Winnie kam aus Bizana im Norden der Transkei, beide Eltern waren Lehrer. Ihr Vater hatte ihr den Namen Winfreda gegeben, weil er den Fleiß und die Disziplin der Deutschen bewunderte, und ihre Eigenständigkeit gefördert – was keineswegs selbstverständlich war in den frühen 1950er Jahren, schon gar nicht in Südafrika. Zur Ausbildung als Sozialarbeiterin schickte er sie an eine gute Schule in Johannesburg. Mandela lernte Winnie über seinen Freund und Kanzleipartner Tambo kennen, der ebenfalls aus Bizana stammte. Ab und zu, wenn er sie auf den Bus warten sah, nahm Mandela sie im Auto mit zu dem Krankenhaus, wo sie arbeitete. Er hatte seit 1952 als einer der wenigen Schwarzen einen Führerschein und fuhr ein «kolossales Oldsmobile». Einmal kam Winnie sogar zu seinem Haus, um seinem Neffen Matanzima, der ihr einen Heiratsantrag gemacht hatte und dort zu Besuch war, einen Korb zu geben. Wenig später, Anfang 1957, rief Mandela sie im Krankenhaus an und fragte, ob sie ihn bei einer Spendensammel-Veranstaltung des ANC unterstützen wolle. Er lud Winnie zu einer Spazierfahrt ein und war offenbar angetan von der hübschen, schüchternen 21-Jährigen. Mandela selbst ging auf die vierzig zu, hatte einen angesehenen Beruf, war der aufstrebende Star des ANC, und seine Energie, sein Ernst, aber auch seine mitfühlende und freundliche Art nahmen Winnie schnell für ihn ein. Wie traditionell und patriarchalisch Mandelas Frauenbild war, zeigte sich ein Jahr später. Bei einer Autofahrt sagte er Winnie, sie solle ihrem Vater mitteilen,

Mandela und
Winnie kurz nach
ihrer Hochzeit
1958

sie werde heiraten, und ihn bitten, ein Datum festzulegen. Ohne
eine Antwort abzuwarten, gab er ihr ein Stück Papier mit der
Adresse einer Schneiderin, die ihr Brautkleid anfertigen würde.

Die Hochzeit fand am 14. Juni 1958 in Bizana statt, ein Gericht hatte zuvor Mandelas Reise- und Versammlungsverbot für
sechs Tage ausgesetzt. Die Trauungszeremonie in der Kirche
war zutiefst afrikanisch mit Xhosa-Hymnen und einem Pastor
in Tierfellen. Danach feierten die Gäste im Gehöft des Brautva-
ters mit Tanz und Gesang. Zurück in Johannesburg musste
Winnie jedoch schnell feststellen, welch geringe Rolle sie im Le-
bensentwurf Mandelas spielte. «Sogar in dieser Phase war das
Leben mit ihm ein Leben ohne ihn. Er hat nicht einmal so getan,
als ob ich einen besonderen Anspruch auf seine Zeit hätte», erinnerte sie sich später. «Da war nie irgendeine Art von Leben,
an das ich mich als Familienleben erinnern kann, das Leben einer jungen Braut, wo du mit deinem Mann zusammen sitzt und
Träume träumst ...» Der Kampf gegen die Apartheid hatte
oberste Priorität und drängte alles Persönliche in den Hintergrund. «Der Kampf ... ist allumfassend. Ein Mann, der in den
Kampf verwickelt war, war ein Mann ohne häusliches Leben»,
schrieb Mandela in seinen Memoiren. Einem Kapitel darin gab
er den Titel «Der Kampf ist mein Leben».

4. Der Weg in den Untergrund

Die Antwort der Regierung auf die Verabschiedung der Freiheits-Charta ließ nicht lange auf sich warten. Im Dezember 1956 verhaftete die Polizei fast die gesamte ANC-Führung, darunter Luthuli, Mandela, Tambo und Sisulu. Insgesamt nahm sie 104 Schwarze, 23 Weiße, 21 Inder und acht Farbige fest. Die Anklage lautete auf «Hochverrat und eine landesweite Verschwörung, Gewalt anzuwenden, um die gegenwärtige Regierung zu stürzen und sie durch einen kommunistischen Staat zu ersetzen». Auf Hochverrat stand die Todesstrafe.

Der Hochverrats-Prozess

Mandela hatten Polizisten gleich nach Sonnenaufgang des 5. Dezember aus dem Bett geholt und auf die Wache gebracht. Dort mussten sich er und die anderen Gefangenen nackt ausziehen und sich mehr als eine Stunde im Kalten aufgereiht an eine Wand stellen. In den Zellen organisierten sie sich sofort in einem «Volkskongress» mit Fitnessübungen, Vorträgen, Debatten und Gesängen. Sogar im Gefängnis gab es eine Trennung und Ungleichbehandlung der Rassen. Joe Slovo, der weiße Kommunist, erinnerte sich, dass Weiße, Inder und Farbige sowie Schwarze getrennt in unterschiedlich großen Zellen saßen. Sie erhielten auch ihr eigenes Essen: die Weißen gute Teile vom Rind oder Schwein, die Inder und Farbigen Haferbrei oder Gemüse mit einigen fetten Fleischstücken, die Schwarzen eine Masse aus Brei und Bohnen ohne jedes Fleisch. Bei der ersten Anhörung vor Gericht saßen die 156 Angeklagten in einem Käfig aus Maschendraht, der aber nach Protesten der Verteidiger abgebaut wurde. Am vierten Tag kamen die Angeklagten bis zur formalen Eröffnung des Hochverrats-Prozesses (Treason Trial) auf Kaution frei. Aber «[n]icht einmal der Hochverrat

war farbenblind», musste Mandela feststellen. Die Kautions-
summe betrug für Weiße 250 Pfund, für Inder 100 und für
Schwarze und Farbige 50.

Eigentlich wollte die Staatsanwaltschaft das Mammutver-
fahren in weniger als zwei Monaten abschließen. Aber von den
Verhaftungen bis zur Urteilsverkündung sollten mehr als vier
Jahre vergehen. Schon die Voruntersuchungen zogen sich
hin, weil 12 000 Seiten an Belastungsmaterial gesichtet und un-
zählige Zeugen und Sachverständige gehört werden mussten.
Sie verliefen für die Regierung wenig befriedigend. Im Kreuzverhör räumten schwarze und burische Zeugen der Anklage
ein, angebliche aufrührerische Reden auf ANC-Kongressen
nicht verstanden zu haben, weil sie kein Englisch sprachen.
Ende 1957 zog der Staatsanwalt die Anklage gegen 65 Beschul-
digte zurück. Wie wichtig die Regierung den Prozess nahm,
zeigte sich auch daran, dass sie einen neuen Ankläger aus der
ersten Garde der Nationalen Partei benannte: den ehemaligen Justiz- und Verteidigungsminister Oswald Pirow. Doch
selbst er konnte das Blatt nicht wenden. Schon eine Woche
nach Beginn des eigentlichen Prozesses in der umgebauten Alten Synagoge von Pretoria im August 1958 ließ das Oberste
Gericht einen der beiden Vorwürfe gemäß dem «Unterdrückung des Kommunismus»-Gesetz fallen, zwei Monate später
nahm Pirow die Anklage insgesamt zurück. Die Regierung war
blamiert.

Die Angeklagten trugen ihre Verteidiger jubelnd auf den
Schultern aus dem Gerichtssaal. Ruth First und ihr Mann Joe
Slovo gaben eine spontane Party bei sich zu Hause, zu der
200 Weiße, Schwarze, Inder und Farbige kamen und zusammen
Jazz hörten, tanzten, sangen und tranken. Um 22.30 Uhr führte
die Polizei eine Razzia durch, musste aber unverrichteter Dinge
abziehen, weil sie keinen Schwarzen ertappte, der verbotenerweise Alkohol trank – viele hatten die Drinks bei ihrem Eintref-
fen einfach in eine große Vase gekippt. «Es war die gemischtras-
sige Welt des Verrats-Prozesses, die Mandelas kulturelle Land-
karte formte, genauso wie sie seine politische Entwicklung
bestimmte», analysiert Mandela-Biograf Smith. In der Tat gab

es bei den Partys von Bram und Molly Fischer, Harold und
AnnMarie Wolpe, Rusty und Hilda Bernstein oder Michael und
Ray Harmel kaum Rassengrenzen. Fast alle weißen Gastgeber
waren Anwälte und Kommunisten, viele von ihnen Juden. Zwar
verehrten die meisten Stalin und waren nicht frei von Paterna-
lismus gegenüber Nicht-Weißen, auch beschäftigten sie alle
schwarze Dienstmädchen. Aber die Kommunisten waren die
einzige organisierte weiße Gruppe, die die Anliegen der Schwarzen, Inder und Farbigen unterstützte und mit ihnen auf Augen-
höhe zusammenarbeitete.

Der PAC und das Sharpeville-Massaker

Außerhalb der Häuser solch progressiver Aktivisten herrschte
weiter die brutale Realität rassischer Politik – vor allem der
Apartheidgesetze, aber auch eines wachsenden schwarzen Nationalismus. Der ANC war durch den Bann fast seiner gesamten
Führung geschwächt, seine Kampagne für den Erhalt Sophiatowns, der Schulboykott und die Protestaktion gegen die Parlamentswahlen von 1958 hatten in Fehlschlägen geendet. Die Afrikanisten, die jede Zusammenarbeit mit anderen Rassen kate-
gorisch ablehnten, sahen ihre Stunde gekommen. Auftrieb
erhielten sie durch die Entwicklungen in Ghana und Guinea,
wo erstmals in der Geschichte Afrikas schwarze Freiheitsbewe-
gungen die Unabhängigkeit ihrer Staaten gegen die Kolonial-
mächte erkämpften. Auf einer Regionalkonferenz des ANC in
Orlando im November 1958 planten sie, die Macht zu übernehmen – notfalls mit Gewalt. Bei der Konferenz unterbrachen
etwa hundert mit Stöcken bewaffnete Afrikanisten immer wieder die Redner und verbreiteten eine feindselige Stimmung. Erst
als Tambo eine eigene Schlägertruppe an der Eingangstür pos-
tierte, zogen sie sich zurück. Im folgenden April gründeten die
schwarzen Nationalisten den *Panafrikanischen Kongress* (PAC).
Ihr Führer, Robert Sobukwe, wies westlichen Kolonialismus
und sowjetischen Kommunismus gleichermaßen zurück, agi-
tierte aber auch gegen rassische Minderheiten im Land. Dro-
hend hieß es im Manifest des PAC: «Das afrikanische Volk wird

die Existenz der anderen nationalen Gruppen innerhalb der Grenzen einer Nation nicht tolerieren.»

Mandela war wegen seiner Kontakte zu Weißen, Indern und Kommunisten ein Hauptziel des PAC. Das muss ihn geschmerzt haben, zumal frühere Weggefährten wie Radebe oder Mda der neuen Organisation angehörten. Sie vertraten viele Prinzipien, die er zehn Jahre zuvor geteilt hatte. Jetzt hielt er ihre Ansichten für «unausgereift» und «hitzige Polemiken» und forderte Kompromissfähigkeit und Disziplin. Überhaupt sieht Mandela in seinen Memoiren rivalisierende schwarze Bewegungen primär als Spalter der Einheitsfront, als ob das Volk monolithisch dem ANC zu folgen habe. Als Newcomer auf der politischen Bühne versuchte der PAC immer wieder, den ANC auszumanövrieren. So war es auch bei dessen Missachtungskampagne gegen die Passgesetze, die am 31. März 1960 beginnen sollte. Sobukwe rief kurzfristig zu einer eigenen Protestaktion für den 21. März auf. In den meisten Städten folgte kaum jemand dem Appell. In Sharpeville, 45 Kilometer südwestlich von Johannesburg, schafften es engagierte PAC-Aktivisten hingegen, viele tausend Leute auf die Straße zu bekommen.

Sie marschierten in einem friedlichen Protestzug zur Polizeistation. Die zwanzig Polizisten verbarrikadierten sich hinter einem Maschendrahtzaun und forderten Verstärkung an, darunter auch gepanzerte Fahrzeuge. Am frühen Nachmittag standen sich 10 000 Demonstranten und 150 Polizisten gegenüber. Die Stimmung verschärfte sich, als Überschallflugzeuge einige hundert Meter über den Köpfen der Menge hinwegrasten, um sie zu zerstreuen. Steine flogen, einige der Demonstranten rückten auf den Zaun vor, der Polizeikommandant gab Befehl zum Laden. Was dann geschah, ist bis heute nicht geklärt. Offenbar gerieten die Polizisten in Panik. Das war nicht völlig unverständlich, hatte zwei Monate zuvor doch ein Mob vier weiße und fünf schwarze Polizisten in Durban ermordet, ihnen die Genitalien abgeschnitten und in den Mund gestopft und ihre verstümmelten Körper durch die Straßen geschleift. Ohne Befehl oder Warnschüsse eröffneten die Polizisten das Feuer. Sie schossen selbst weiter, als die Demonstranten schon flohen. 69 Menschen starben, darunter 40 Frauen und acht Kinder, viele durch Schüsse in den Rücken. 180 wurden verletzt.

Das Sharpeville-Massaker war der bis dato blutigste Ausdruck der Apartheid-Politik und rückte die Rassentrennung in den Fokus der internationalen Politik. Es hagelte Protestnoten aus der ganzen Welt, und erstmals befasste sich der UN-Sicherheitsrat mit Südafrika. Sharpeville war aber auch eine politische Niederlage für den ANC. Es ließ den PAC als zentrale Organisation des schwarzen Widerstandskampfs erscheinen und vereitelte die eigene Missachtungs-Kampagne. Um den politischen Schaden zu begrenzen und die Initiative zurückzugewinnen, verbrannten Mandela und andere ANC-Führer öffentlich ihre Pässe, und Luthuli rief für den 28. März 1960 zu einem nationalen Tag der Trauer auf. Hunderttausende gingen nicht zur Arbeit, viele demonstrierten auf den Straßen. Aber immer noch unterschätzte der ANC die Bereitschaft der Regierung, den Widerstand mit aller Macht zu unterdrücken. Am 30. März verhängte sie den Ausnahmezustand, setzte *Habeas Corpus* – keine Inhaftierung ohne richterliche Anordnung – außer Kraft und verbot den ANC und den PAC. 2000 Aktivisten, darunter Mandela, wurden inhaftiert. Sobukwe erhielt eine dreijährige Haftstrafe, die mehrmals ohne Gerichtsverfahren verlängert wurde. Bis 1969 saß er in Einzelhaft auf Robben Island und stand danach bis zu seinem Krebstod 1978 immer wieder unter Hausarrest.

Derweil war der Hochverrats-Prozess weitergegangen. Der Jubel vom Oktober 1957 hatte sich als verfrüht herausgestellt, dreißig der Beschuldigten wurden einen Monat später mit einer sorgfältiger formulierten Anklageschrift konfrontiert, darunter Mandela und Sisulu. Die Verhandlungen zogen sich endlos hin, der Ankläger konnte die Umsturzvorwürfe jedoch auch diesmal nicht untermauern. Selbst der überforderte Regierungs-Sachverständige gestand zu, dass die Freiheits-Charta «ein humanitäres Dokument sei, das sehr wohl die natürlichen Reaktionen und Sehnsüchte von Nicht-Weißen aufgrund der harten Bedingungen in Südafrika» ausdrücken könne. Im Kreuzverhör am 3. August 1960 betonte Mandela das Ziel des ANC, über einen gewaltlosen Kampf und im Dialog mit der Regierung schritt-

weise das allgemeine Wahlrecht für die Nicht-Weißen zu erreichen. Später bekannte er jedoch, dass er dies nur gesagt habe,
um einer Verurteilung zu entgehen. Seine Antworten zeigten
Mandela als gereiften Politiker, der unter Druck die Kontrolle
behielt und alle Anklagepunkte geschickt entkräftete. Auf die
Frage seines Pflichtverteidigers, ob er Kommunist geworden sei,
antwortete er: «Nun, ich weiß nicht, ob ich ein Kommunist
wurde. Wenn Sie mit Kommunist ein Mitglied der kommunistischen Partei und eine Person meinen, die an die Theorie von
Marx, Engels, Lenin und Stalin glaubt und die sich strikt an die
Parteidisziplin hält, wurde ich kein Kommunist.» Mandela
agierte während des Verfahrens aus dem Hintergrund und über-
ließ Luthuli, Matthews und Sisulu das Rampenlicht.

Erst fünf Monate später, mit der Aufhebung des Ausnahme-
zustands am 31. August 1960, kam Mandela wieder frei. Aber
er stand vor dem Nichts. Der ANC blieb verboten, er selbst
weiter gebannt, seine finanzielle Perspektive war düster. Die
Kanzlei hatten Tambo und er im März aufgelöst, weil sie während des Prozesses fast alle Mandanten verloren hatten. Mandela arbeitete jetzt in den Büros und Wohnungen von Kollegen,
verlangte aber wie in der Vergangenheit in den seltensten Fällen
Gebühren. Auch seine neuen Mandanten hätten sie ohnehin
meist nicht aufbringen können. Mandelas elegante Anzüge, die
den Eindruck eines gewissen Wohlstands vermittelten, waren
wie vieles andere Geschenke, die Möbel und der Teppich im
Haus auf Ratenkredit gekauft. Während des Marathonverfah-
rens musste sich Winnie Geld von einem Anwaltskollegen ihres
Mannes und von ihrem Vater borgen, um über die Runden zu
kommen. Auch hatte sie sich zunehmend politisch engagiert und
war in die Ortsgruppe der ANC-Frauenliga eingetreten. Im Oktober 1958 protestierte sie in einer Massendemonstration gegen
die Passpflicht für Frauen, wurde zwei Wochen lang ins Gefängnis geworfen und büßte ihren Job im Krankenhaus ein. Die
hochschwangere Winnie hätte während der Haft fast ihr Baby
verloren, aber Sisulu und einer Krankenschwester gelang es, die
Blutungen zu stoppen. Tochter Zenani kam Anfang 1959 auf
die Welt. Nach einer Fehlgeburt bekam Winnie Ende 1960 ein

weiteres Mädchen, Zindzi. Mandela war während der gesamten Zeit Angeklagter im Hochverrats-Prozess, ein normales Familienleben lernten die Töchter nie kennen. Am 29. März 1961 endete der Prozess – in einem Triumph für den ANC. Die drei Richter erklärten, es gebe keine Beweise dafür, dass der ANC eine gewaltsame Revolution anstrebe oder eine kommunistische Organisation sei. Sie befänden die Angeklagten deshalb für nicht schuldig. Unter dem Jubel der Zuschauer trug man die Verteidiger auf den Schultern aus dem Gerichtssaal, die Menge sang «Nkosi sikelel' iAfrika», «Gott schütze Afrika», die Hymne des ANC.

Ein Wesen der Nacht

Die ANC-Führung ahnte, dass die Regierung nach dieser peinlichen Niederlage nicht einlenken, sondern noch rücksichtsloser gegen sie vorgehen würde. Ohnehin war die Partei durch die Bannungen fast aller seiner Spitzenleute und die Konkurrenz des PAC geschwächt. Gleich nach dem ANC-Verbot am 8. April 1960 hatte die Führung deshalb beschlossen, als Geheimorganisation weiterzuarbeiten, so wie es der M-Plan vorsah. Mandela sollte die Galionsfigur dieser Untergrundaktivitäten sein. «In einem sehr realen Sinn wollte der ANC einen Märtyrer», analysierte Smith, «und Mandela war das Bauernopfer». Sisulu, Mandelas engster Kampfgefährte, sagte später: «Wir brauchten einen Anführer im Gefängnis.» Mandela wusste, worauf er sich einließ, und er war zu diesem Schritt bereit: «Es würde ein gefährliches Leben sein, und es würde mich fernhalten von meiner Familie, doch wenn einem Menschen verweigert wird, das Leben zu führen, an das er glaubt, so bleibt ihm keine Wahl, als ein Gesetzloser zu werden.» Wenige Tage vor dem Ende des Hochverrats-Prozesses ließ er sich von Winnie einen Koffer mit ein paar Kleidungsstücken packen. Nie hatte er sich mit ihr über die Entscheidung beraten, völlig abzutauchen. Ohne sich von ihr zu verabschieden, fuhr er mit einigen Kampfgefährten davon. Das war das Ende ihres gemeinsamen Lebens.

Smith bringt Mandelas weiteren Weg auf einen Satz: «Freigesprochen vom Vorwurf der Förderung von Gewalt, begann Mandela, Gewalt zu fördern.» Überraschend hielt er kurz nach Auslaufen seines Banns Ende März bei einer großen Konferenz von 150 Oppositionsgruppen in Pietermaritzburg seine erste Rede seit fünf Jahren. Es sollte sein letzter öffentlicher Auftritt für die nächsten 29 Jahre sein. Die Konferenz stimmte Mandelas Forderung zu, eine Nationalversammlung mit der Aufgabe einzuberufen, eine neue nichtrassische Verfassung für Südafrika zu beschließen. Sollte die Regierung sich verweigern, würde man mit einem nationalen Protest antworten. Mandela reiste durch das ganze Land, um die Aktion vorzubereiten, beriet sich mit ANC-Führern wie Sisulu, nahm an Geheimtreffen von Regionalgruppen teil, sprach vor Geistlichen und Journalisten, gab sein erstes Fernsehinterview. Das war alles illegal, und schon bald fahndete die Polizei nach ihm. Tagsüber blieb er deshalb in wechselnden Unterschlüpfen. Nach Einbruch der Dämmerung organisierte er als «ein Wesen der Nacht» den Widerstand.

Mandela ließ sich Bart und Haare wachsen, änderte seinen Sprachduktus und verkleidete sich als Chauffeur oder Gärtner. «Schwarzer Pimpernel» nannte man ihn bald nach dem Romanhelden Scarlet Pimpernel, der sich während der Französischen Revolution durch geschickte Verkleidungen immer wieder den Häschern entzieht. Wolfie Kodesh war einer von einer Handvoll weißer Kommunisten mit Erfahrung in der Untergrundarbeit, die Mandela Wohnungen besorgten und sich um seinen Transport kümmerten. Ab und zu konnte Winnie ihren Mann besuchen, allein oder mit den Kindern, und immer unter abenteuerlichen Umständen. Um die Geheimpolizei abzuschütteln, die sie nach Mandelas Abtauchen überwachte, ließ sie sich etwa als Hochschwangere verkleidet zur Geburtsstation ins Krankenhaus fahren. Dort wartete bereits ein anderer Wagen. Sie legte sich in eine Kuhle im Auto und wurde zu Mandela gebracht. Der geriet selbst mehrmals in brenzlige Situationen, etwa, als er im Auto an einer Ampel anhielt und im Wagen neben sich den Polizeichef von Witwatersrand sitzen sah. Öfters erkannten schwarze Polizisten den meistgesuchten Mann Südafrikas. Sie ignorierten ihn aber, ließen ihn passieren oder grüßten ihn mit nach oben gestreckten Daumen.

In den langen Tagen, in denen er nicht aus seinen Verstecken kommen konnte, stand Mandela um 5 Uhr auf, lief eine Stunde auf der Stelle und machte Turnübungen, um fit zu bleiben. Danach bereitete er sich systematisch auf den bewaffneten Widerstand vor. Er las *Vom Kriege* des Militärtheoretikers Carl von Clausewitz, Bücher über Guerilla- und Partisanenkriege und die Anti-Guerillastrategie der Briten in Malaya – alles verbotenes Material, auf dessen Besitz Gefängnis stand. Seine Aktivitäten richteten sich zunächst auf die Organisation einer dreitägigen Arbeitsverweigerungs-Kampagne beginnend mit dem 29. Mai 1961. Dieses Datum hatte der ANC mit Bedacht gewählt, wollte sich Südafrika doch am 31. Mai von Großbritannien lossagen und als Republik konstituieren. Obwohl Hunderttausende Schwarze, Inder und Farbige am 29. Mai nicht zur Arbeit erschienen, war die Resonanz weit geringer als erwartet. Das lag primär daran, dass die Regierung alle Kräfte mobilisierte, um den Protest zu verhindern: Das Militär führte die größte Einberufungsaktion seit dem Zweiten Weltkrieg durch, die Polizei erhielt eine Urlaubssperre und erweiterte Verhaftungsvollmachten, Soldaten wurden an den Ein- und Ausfahrten zu den Townships stationiert. Aber auch der PAC war dem ANC mit seinem Aufruf, zur Arbeit zu gehen, wieder einmal in den Rücken gefallen. Schließlich schienen viele Bürger der dauernden Protest- und Streikappelle müde und frustriert über die ausbleibenden Erfolge. Bei einem Geheimtreffen mit Vertretern der nationalen und internationalen Presse erklärte Mandela, angesichts der «nackten Gewalt» der Regierung müsse man die eigene Taktik ändern. Er sei dafür, ein Kapitel «über die Frage einer gewaltlosen Politik» abzuschließen.

Damit stand ein Mantra der ANC-Politik zur Disposition. Einige an der Spitze der Organisation wiesen ihn dafür zurecht, aber durch seine Untergrundaktivitäten war er jetzt das Aushängeschild des ANC mit einer nahezu mythischen Aura. Der hartnäckigste Gegner des Abrückens von der Gewaltlosigkeit war Luthuli, der tiefreligiöse Chef des ANC, der seit zwei Jahren auf seiner kleinen Farm in Natal unter Hausarrest stand. Mandela kam mit ihm und den anderen Mitgliedern des ANC-Exekutivkomitees Anfang Juli 1961 zu einem Geheimtreffen in Stanger bei Durban zusammen. Trotz aller Widerstände setzte er sich mit dem Argument durch, das Bekenntnis zur Gewaltlosigkeit müsse aufgegeben werden, weil es seine Wirkung verloren habe und der Staat der Organisation keine Alternative lasse. Es sei «falsch und unmoralisch», betonte Mandela, «unsere Leute den bewaffneten Angriffen des Staates auszusetzen, ohne ihnen irgendeine Art von Alternative anzubieten». Schließlich stimmte auch Luthuli dem neuen Kurs zu – vorausgesetzt, die militärische Bewegung sei ein separates, vom ANC unabhängiges Organ. Am nächsten Abend trug Mandela diesen Kompromiss den in der Nähe tagenden Vertretern der indischen und farbigen Organisationen vor. Vor allem die indischen Delegierten sahen sich in der Tradition Gandhis und lehnten Gewalt ab. Erst im Morgengrauen gelang es Mandela, ihre Zustimmung zu seinem Plan zu erhalten. «Es war ein schicksalhafter Schritt», bekannte Mandela in seinen Memoiren, «50 Jahre lang hatte der ANC Gewaltlosigkeit als Kernprinzip behandelt, jenseits aller Fragen und Zweifel. Von nun an würde der ANC eine andere Organisation sein. Wir waren im Begriff, einen neuen, gefährlichen Weg einzuschlagen, einen Weg organisierter Gewalt, deren Folgen wir nicht kannten und nicht kennen konnten.»

Warum sich Mandela ausgerechnet zu diesem Zeitpunkt für den gewaltsamen Kampf entschloss, hat er nie plausibel erklärt. Gerade war er vom Vorwurf des Hochverrats freigesprochen worden, weil er die Richter überzeugt hatte, dass der ANC sich allein gewaltfreier Methoden bediente. Auch unterdrückte die Regierung die Arbeitsverweigerungs-Kampagne Ende Mai 1961 nicht so brutal, dass Gewalt die einzig mögliche Antwort darauf schien. Auslöser waren wohl die vielen kleinen Demütigungen, die sukzessive Verschärfung der Regierungspolitik und die Erfolglosigkeit der bisherigen Strategie. Mandela war kein Pazifist, mit dem Gedanken des bewaffneten Widerstands hatte er schon seit Sisulus China-Reise 1953 gespielt. Der Triumph Castros in Kuba 1959 und die Siege der algerischen Nationalisten gegen die Franzosen bestärkten ihn in seinem Glauben, die Regierung in die Knie zwingen zu können. Ausschlaggebend dürfte jedoch die Hoffnung gewesen sein, den abnehmenden Kampfgeist vieler Schwarzer mit spektakulären Aktionen neu zu entfachen und radikaleren Kräften wie dem PAC das Wasser abzugraben. Damit definierte Mandela Clausewitz' Maxime für seine Zwecke um: Krieg als Fortsetzung der Politik mit anderen Mitteln, aber in diesem Fall nicht der Außen-, sondern der Innenpolitik. Später im Gefängnis bekam Mandela Zweifel am eingeschlagenen Kurs. Es sei ein Fehler gewesen, schrieb er, eine neue Widerstandsgruppe zu gründen, «die der politischen Organisation ihre enthusiastischen und erfahrenen Männer entzog und unsere Aufmerksamkeit auf die neue Organisation konzentrierte».

Speer der Nation

Mandela gab der neuen militanten Widerstandsgruppe den Namen *Speer der Nation – Umkhonto we Sizwe* in Xhosa und Zulu, abgekürzt MK. Der Speer war die einzige Waffe, die die Schwarzen im 19. Jahrhundert im Kampf gegen Buren und Briten benutzt hatten. Nach alter Guerilla-Manier war der MK in Zellen organisiert. Die Ostkap-Provinz zum Beispiel hatte mehr als 50 Zellen mit jeweils einer Handvoll Leute. Vier Zellen bildeten eine Einheit, die Regionalkommandos unterstand. Über allem thronte das Nationale Oberkommando unter Mandela. Da er keinerlei militärische Erfahrung besaß und nie eine Waffe abgefeuert hatte, kooperierte er eng mit den Kommunisten, die über ein eigenes Spezialistenteam für ihre Sabotagepläne verfügten. Zwar geht die offizielle Geschichtsschreibung des ANC darüber hinweg, aber besonders in der Anfangsphase waren es maßgeblich diese weißen Verbündeten, die den bewaffneten Widerstand trugen. Sie fertigten die ersten kruden Bomben. Der MK stellte insofern keine wirkliche Neugründung dar, sondern eine Fusion der kleinen schwarzen Gruppe um Mandela mit dem gewaltbereiten Flügel der südafrikanischen KP. Kommunisten waren auch in der Führungsspitze des MK überrepräsen-

tiert. Sogar das Logo des MK ent-
warf ein weißer kommunistischer
Designer.

Das Logo von
Umkhonto we Sizwe

Mandela selbst war zwar nie Mitglied der KP, aber er zählte Kommunisten zu seinen engsten Freunden
und Kampfgefährten und teilte einige ihrer Ideen. So bediente er sich in
seinen Artikeln für *Liberation*, die
allerdings von der Kommunistin
Ruth First redigiert wurden, immer
wieder marxistischer Begriffe und
Denkfiguren. Wie er diese Überzeugungen mit seiner Bewunderung der
demokratischen Errungenschaften
Großbritanniens und der USA in
Einklang bringen konnte, ist nur so zu erklären: Mandela war
kein Theoretiker, dem es auf eine geschlossene Weltsicht an-
kam, sondern ein Praktiker und Pragmatiker, der sich aller Ar-
gumentations- und Legitimationsmuster bediente, solange sie
sich nur für seinen Kampf gegen die verhasste Apartheid einset-
zen ließen.

Als ihr Hauptquartier wählte der MK die *Liliesleaf Farm* in
Rivonia nördlich von Johannesburg. Ein weißer Kommunist
hatte sie im August 1961 unter falschem Namen erworben.
Mandela kam im Oktober dorthin. Da noch Bauarbeiter zu
Gange waren, spielte er vorübergehend die Rolle des Kochs und
Dienstboten des weißen Hausverwalters. In den Augen der
schwarzen Arbeiter stand ein Diener aber auf der untersten sozialen Stufe, und sie behandelten ihn herablassend. Erstmals
musste Mandela Diskriminierung durch Menschen derselben
Hautfarbe ertragen. Zur Tarnung zog wenig später Arthur
Goldreich, ehemaliger Kämpfer in einer jüdischen Untergrund-
organisation in Palästina, MK-Mitglied und Designer des Speer-
Logos, mit seiner Familie auf der Farm ein. Mandela wohnte in
einem Cottage für Hausangestellte und gab sich gegenüber den
kleinen Kindern der Goldreichs und Besuchern als Gärtner Da-

vid aus. Häufig kamen Winnie und die Töchter, ab und zu sogar
mit Sohn Makgatho, an den Wochenenden zu Besuch. Mandela
sprach später fast liebevoll von seiner Zeit auf Liliesleaf, wo er
sich im Gegensatz zu seinen früheren Verstecken – und vor allem den langen Gefängnisjahren – auch tagsüber draußen bewegen und durch die Felder streifen konnte.

Allerdings mangelte es dieser ersten Generation von Unter-
grundkämpfern an Professionalität. Die vielen Fahrzeuge und
die gemischtrassigen Zusammenkünfte erregten Aufmerksamkeit in der Nachbarschaft, ein Junge notierte sich sogar die Au-
tokennzeichen und gab sie an die Polizei weiter. Nur deren
Schlamperei war es zu verdanken, dass Liliesleaf nicht früher
aufflog. Ein weiterer Bruch konspirativer Taktiken sollte für
Mandela aber gravierende Folgen haben. Auf der Farm schrieb
er an einem Papier mit dem Titel *Wie man ein guter Kommunist
ist*. Auch wenn unklar ist, für welchen Zweck er es abfasste,
konnte man es als Beleg für seine Nähe zu kommunistischen
Ideen interpretieren. Trotz Mandelas ausdrücklicher Anweisung wurden die Aufzeichnungen nicht vernichtet, als er später
in Haft geriet, und der Staatsanwalt konnte sie gegen ihn ver-
wenden.

Am 10. Dezember 1961 erhielt Luthuli den Friedensnobelpreis verliehen. Das war ein unmissverständliches Signal des
Auslands an das Apartheid-Regime. Obwohl die Regierung betonte, der ANC-Chef verdiene den Preis nicht, ließ sie ihn nach
Oslo reisen. In seinem Festvortrag am nächsten Tag sagte
Luthuli, er akzeptiere den Preis als Anerkennung für die Suche
von Demokraten aller Hautfarben nach «einer friedlichen Lösung des Rassenproblems», und weiter: «Unser Volk ist mit wenigen Ausnahmen gewaltlos geblieben. ... Nichts, was wir
durch die Hände der Regierung erleiden mussten, hat uns von
dem gewählten Pfad des disziplinierten Widerstands abge-
bracht.» Diszipliniert blieb der Widerstand, aber mit dem Prinzip der Gewaltlosigkeit brach er. Am 16. Dezember führte der
MK seine erste Bombenattacke aus. Mandela hatte das Datum
bewusst gewählt, war es doch der Tag, an dem die Buren jedes
Jahr ihren Sieg über Zulu-König Dingane am Blood River 1838

feierten. Dass dies ausgerechnet auch der Tag nach der Rückkehr Luthulis aus Oslo war, bezeichnete Mandela als «unglückseligen Zeitpunkt». Da der MK keine Menschenleben gefährden wollte, setzte er auf Sabotageakte. Mit Anschlägen auf Einrichtungen der Regierung und des Militärs, Kraftwerke, Telefonleitungen, Strommasten und Transportverbindungen hoffte man, ausländische Investoren abzuschrecken, die Wirtschaft zu schwächen und den Staat an den Verhandlungstisch zu zwingen. Wenn Sabotage nicht die gewünschten Erfolge bringe, daran ließ Mandela keinen Zweifel, gehe man zur nächsten Phase über: Guerillakrieg und Terrorismus. Insgesamt detonierten in der Nacht des 16. Dezember 57 Sprengsätze in Johannesburg, Port Elizabeth und Durban. Hunderte von Flugblättern mit dem Manifest der MK wurden verteilt und an Telefonmasten und Hauswände geklebt. Der Text stammte zum größten Teil von Mandela. Seine wichtigsten Passagen lauteten:

Im Leben jeder Nation kommt eine Zeit, wo es nur mehr die Alternative gibt: sich zu unterwerfen oder zu kämpfen. Diese Zeit ist jetzt für Südafrika gekommen. Wir werden uns nicht unterwerfen, und wir haben keine andere Wahl, als mit allen uns verfügbaren Mitteln zurückzuschlagen zur Verteidigung unseres Volks, unserer Zukunft und unserer Freiheit. Die Regierung hat die Friedfertigkeit der Bewegung als Schwäche interpretiert. ... Die Methoden des Umkhonto we Sizwe markieren einen Bruch mit dieser Vergangenheit. ... Die Regierungspolitik des Zwangs, der Unterdrückung und der Gewalt wird nicht länger allein mit gewaltlosen Mitteln beantwortet.

Die Aktion erzielte zwar die erhoffte öffentliche Aufmerksamkeit, demonstrierte aber auch die mangelnde Professionalität der Saboteure: Einige Sprengsätze detonierten nicht, ein MK-Aktivist starb durch eine zu früh explodierte Bombe, ein anderer verlor seinen Arm. Dass man besser ausgebildete Kämpfer benötigte, hatte die MK-Führung schon früher erkannt und im September 1961 die ersten Rekruten nach China geschickt. In den nächsten zwei Jahren gingen weitere 300 zum Militärtraining dorthin, außerdem in die Sowjetunion und in einige unabhängige afrikanische Staaten. Peking und Moskau traten die vom ANC geforderten Bürgerrechte zwar mit Füßen, aber solange ein Regime nur bereit war, ihren bewaffneten Kampf zu unterstützen, machten sich weder Mandela noch seine Mitstreiter über dessen moralische Legitimität Gedanken. Während des Hochverrats-Prozesses sagte Mandela, er wisse «sehr wenig» über das System der Sowjetunion, sei aber beeindruckt, dass es dort keine Rassendiskriminierung gebe und Moskau keine Kolonien in Afrika habe und gegen den Imperialismus sei. Als ein Verteidiger ihn privat fragte, warum er denn Stalin selbst nach Chruschtschows Enthüllungen seiner Verbrechen nicht attackiere, antwortete er: «Es war nicht unsere politische Aufgabe. Was Stalin tat, war nicht gegen uns [gerichtet].» Im Rivonia-Verfahren betonte Mandela, auch die Westmächte hätten im Zweiten Weltkrieg mit Stalin gegen Hitler zusammengearbeitet, ohne dass ihnen jemand vorgeworfen hätte, sie seien Kommunisten oder Werkzeuge der Kommunisten geworden. Offenbar betrachtete er Moskau als Feind seines Feindes und damit als Freund. Dass die Sowjetunion mit ihrer Hilfe für den MK eigene machtpolitische Interessen in Afrika verfolgte, hat Mandela wohl nicht reflektiert – auf jeden Fall finden sich darüber keine Hinweise in seinen Erinnerungen oder in seinen Reden.

Am Silvesterabend erfolgte eine zweite Bombenwelle, und das ganze Jahr 1962 kam es zu vereinzelten Anschlägen. Sollte der MK gehofft haben, die Nationale Partei stürzen oder zu Verhandlungen bewegen zu können, sah er sich jedoch getäuscht. Die Sicherheitskräfte reagierten brutal auf die Anschläge. Verdächtige wurden ohne Verfahren eingesperrt und gefoltert. Opfer berichteten später vor der Wahrheits- und Versöhnungskommission, wie Polizisten sie prügelten, mit Elektroschocks peinigten, an einem Bein aus dem Fenster hielten oder ihre Köpfe in nasse Leinensäcke steckten. Bis 1990 kamen 73 Personen in Polizeigewahrsam ums Leben.

Anfang 1962 begann Mandela eine Tour durch unabhängige afrikanische Staaten, um sie um Geld für den bewaffneten Kampf und das Militärtraining zu bitten. Es war die erste Auslandsreise seines Lebens, und sie begann abenteuerlich. In Gaborone in Bechuanaland, dem späteren Botswana, bestieg er ein

Kleinflugzeug, das mitten im Busch landen musste, weil die Piste unter Wasser stand, in einen fürchterlichen Sturm geriet und einen Berg nur knapp verfehlte. Völlig gerädert erreichte Mandela Tanganjika, das heutige Tansania. Dort erfuhr er, was es bedeutet, in einem Land zu sein, in dem Schwarze herrschten. Bewegt schrieb er später: «Zum erstenmal in meinem Leben war ich ein freier Mensch.» Es ging weiter nach Lagos in Nigeria zu einer Konferenz unabhängiger Staaten. Nächster Stopp war ein Treffen der Panafrikanischen Freiheitsbewegung für Ost- und Zentralafrika (PAFMECA) in Äthiopien. Auf dem Flughafen von Addis Abeba traf er seinen alten Freund Oliver Tambo, den er kaum wiedererkannte: «Früher glatt rasiert und konservativ gekleidet, trug er jetzt einen Bart und ziemlich langes Haar und war in jenem militärischen Stil gekleidet, der für Freiheitskämpfer auf dem Kontinent charakteristisch war.» Tambo richtete seit seiner Flucht aus Südafrika vor zwei Jahren in vielen Ländern ANC-Büros ein, fühlte sich aber schlecht informiert über die Diskussionen in Südafrika. In Äthiopien beeindruckte Kaiser Haile Selassie Mandela mit seinem würdevollen Auftreten. Es sei «ein berauschender Augenblick» gewesen, zu sehen, wie schwarze Generäle schwarze Soldaten kommandierten und ihnen schwarze Führer, eingeladen von einem schwarzen Staatsoberhaupt, applaudierten. Bei seiner Rede beim Treffen der PAFMECA erhielt Mandela den meisten Applaus, als er die Explosionen vom Dezember nur als Vorboten für viel größere Explosionen im Lande bezeichnete. Immer wieder versuchte Mandela seinen Gesprächspartnern zu erklären, dass nicht der seit dem Sharpeville-Massaker populäre PAC, sondern der ANC die wichtigste Widerstandsorganisation in Südafrika sei und deshalb ihre Unterstützung verdiene. Viele afrikanische Führer standen dem schwarzen Nationalismus des PAC näher und begegneten seiner Kooperation mit weißen und indischen Kommunisten mit Skepsis. Für sie ging es um Unabhängigkeit von den weißen Kolonialherren, für Mandela um Freiheit für die Schwarzen in einem gemischtrassigen Staat.

Danach flogen Mandela und Tambo nach Kairo. Sie besuchten die Pyramiden, die Sphinx und das Ägyptische Museum.

Das Ägypten von Präsident Gamal Nasser sah er als Vorbild, weil es Land- und Bildungsreformen durchführte und der einzige afrikanische Staat neben Südafrika mit eigener Armee, Marine und Luftwaffe war. In Tunesien sagte der Verteidigungsminister Mandela Ausbildungsmöglichkeiten für MK-Kämpfer und Geld für Waffen zu. In Marokko erhielt er ähnliche Versprechen. Mandela traf sich dort auch mit Guerillaführern aus Mosambik und Angola. Besonders angetan war er, mit welch kleiner Truppe der algerische Widerstand gegen die übermächtige französische Kolonialmacht kämpfte. In einem Militärcamp feuerte er zum ersten Mal in seinem Leben Waffen ab. Über Mali und Französisch-Guinea reiste Mandela nach Sierra Leone und Liberia, wo er Geld für Waffen und Training des MK bekam. Insgesamt sammelte Mandela auf seiner Reise 23 000 Pfund – in heutiger Kaufkraft etwa 700 000 Euro. In Senegal erhielt er zwar kein Geld, aber der Justizminister gab ihm einen Diplomatenpass und bezahlte für ihn und Tambo Flüge nach London.

Am 7. Juni 1962 trafen sie dort ein. So sehr Mandela den britischen Kolonialismus verabscheute, so sehr schätzte er Stil und Manieren der Briten und bezeichnete sich ohne Scheu als Anglophilen. Insgesamt schien Mandela den Aufenthalt in London zu genießen. Er wohnte bei den Tambos, die seit ihrem Gang ins Exil in London lebten, traf sich mit Journalisten, Führern der Labour Party und der Liberal Party, besichtigte Parlament und Westminster Abbey und stöberte in Buchhandlungen nach Guerillakriegs-Literatur. Es gab auch ein besonders heikles Gespräch zu führen. Seinem alten indischen Kampfgefährten Yusuf Dadoo eröffnete Mandela, dass man in Zukunft nicht mehr so eng mit indischen Organisationen zusammenarbeiten könne. Da viele afrikanische Staatschefs nur eine rein schwarze Widerstandsorganisation unterstützten, müsse der ANC künftig autonomer agieren. Als ihn eine alte Bekannte fragte, warum er denn nach Südafrika zurückkehren wolle, wo ihm dort doch die sichere Verhaftung drohe, antwortete Mandela: «Ich bin der Führer des Volks, und der Führer des Volks muss bei seinem Volk sein.» Der Freiheitskampf bestimmte sein Leben nun völlig

Mandela vor
Westminster
Abbey im Juni
1962

und ließ keinen Raum mehr für familiäre oder persönliche Rücksichtnahme.

Mitte Juni verließ Mandela London für ein Militärtraining in Äthiopien. Er lernte den Umgang mit Sprengstoffen, trainierte mit der Präsidentengarde und hörte Vorlesungen in Militärwissenschaft. Auch das Abfeuern von Mörsern, das Herstellen von kleinen Bomben und Minen, das Schießen auf bewegliche Ziele aus dem Lauf heraus und Gewaltmärsche gehörten zur Ausbildung. Eigentlich wollte Mandela sechs Monate in Äthiopien bleiben. Aber in den letzten Julitagen erreichte ihn ein Telegramm aus Johannesburg mit der Botschaft, der Kampf in Südafrika eskaliere, und man brauche ihn zu Hause. Mit einer Pistole im Halfter und einem Patronengürtel mit 200 Schuss Munition um die Hüfte flog er über Khartum nach Daressalam. Offenbar konnte man damals in Afrika problemlos schwer bewaffnet Flugzeuge besteigen. In Daressalam traf er die ersten 21 MK-Rekruten, die auf dem Weg zum Militärtraining nach Äthiopien waren. Sie schlachteten zu Ehren Mandelas eine Ziege und salutierten ihm als ihrem Oberkommandeur. Premierminister Julius Nyerere stellte Mandela ein Flugzeug für die Rückkehr nach Bechuanaland zur Verfügung, wo ihn Cecil Williams, ein weißer Kommunist, erwartete und mit ihm direkt zur Liliesleaf-Farm fuhr. Es war der Morgen des 30. Juli 1962. Nur noch sechs Tage sollten bis zu Mandelas Verhaftung vergehen.

5. Der Rivonia-Prozess

Noch am Abend traf Mandela in Liliesleaf mit seinen engsten Mitstreitern zusammen, darunter Sisulu und der kommunistische Hardliner Govan Mbeki, der Vater des späteren Präsidenten. Er berichtete, dass viele afrikanische Staatschefs mit dem PAC sympathisierten und den ANC und insbesondere Luthuli für Handlanger der Weißen hielten. Um ihre Unterstützung zu erhalten, forderte Mandela, solle sich der ANC aus seiner Allianz mit den Kommunisten, Indern und Farbigen teilweise lösen: «Unsere Freunde müssen verstehen, dass der ANC der Pilot im Befreiungskampf ist.» Er dachte nun mehr wie ein Guerillero, der Geld, Waffen und Rückzugsräume für seine Kämpfer braucht, denn wie ein Politiker, dem es um eine möglichst breite innenpolitische Koalition geht. In Liliesleaf kam es auch, wie Winnie sich erinnerte, zum «emotionalsten Treffen» mit ihrem Mann. Sie fand, dass sich Mandela verändert hatte: Er schien nach seinem Militärtraining militanter und entschlossener als zuvor. Winnie selbst war abgemagert und litt augenscheinlich unter den Schikanen der Polizei. Mandela sah wieder einmal, welche Belastung seine lange Abwesenheit und sein Leben in ständiger Gefahr vor der Verhaftung für seine Frau bedeuteten.

Gefangennahme

Trotz Warnungen brach er kurz darauf, verkleidet als Cecil Williams' Chauffeur, in die Provinz Natal auf, um ANC-Chef Luthuli persönlich von der Notwendigkeit des Kurswechsels zu überzeugen. Luthuli gefiel die Vorstellung nicht, dass andere afrikanische Staaten dem ANC sagten, was er tun solle. Nach einem energischen Plädoyer Mandelas für die partielle Trennung von den anderen Organisationen schien der ANC-Chef einzulenken, bat sich aber Bedenkzeit aus. Bei einem Geheimtreffen in Durban mit dem Regionalkommando des MK, das seine Sabotageakte aus Geldmangel eingestellt hatte, versuchte Mandela, die Kämpfer neu zu motivieren. Dieses Treffen sollte noch eine wichtige Rolle spielen, weil ein Anwesender, Bruno Mtolo, nach seiner Verhaftung gegen Mandela aussagte und ihn schwer belastete. Am Nachmittag des 5. August machten sich Mandela und Williams auf den Rückweg nach Johannesburg. Aber in Howick, 100 Kilometer westlich von Durban, wurden sie von drei Autos voller Polizisten gestoppt, die ihnen aufgelauert hatten. Mandela gelang es gerade noch, seinen Revolver und sein Notizbuch mit wichtigen Aufzeichnungen zwischen den beiden Sitzen zu verstecken. Später bekannte er, dass er zwar theoretisch stets mit seiner Verhaftung gerechnet hatte, aber praktisch nicht darauf vorbereitet war. Auch sei er viel zu lax mit den Sicherheitsmaßnahmen umgegangen, obwohl die Polizei von seiner Rückkehr aus dem Ausland wusste. Zwei Polizisten brachten Mandela nach Johannesburg. Er saß ohne spezielle Vorsichtsmaßnahmen allein auf der Rückbank und durfte sich sogar bei einem Halt die Beine vertreten. Im Gegenzug teilte er mit den Polizisten seinen Proviant, den ihm eine indische Unterstützerin mitgegeben hatte. Erst am Ende der Fahrt legten sie ihm Handschellen an. Mandela kam in Einzelhaft, hörte aber aus der Nachbarzelle ein vertrautes Husten. «Walter?», fragte er. «Nelson, bis du das?», antwortete Sisulu. Und beide lachten in einer Mischung aus Erleichterung, Überraschung, Enttäuschung und Glücksgefühl.

Mandela erkannte, dass seine Rolle als Freiheitskämpfer im Gefängnis nicht endete. In der Tat hatte er es auf seine Gefangennahme angelegt, sie war die logische Folge seiner Rückkehr nach Südafrika. Die anstehende Gerichtsverhandlung sah er als Möglichkeit, den Staat auf die Anklagebank zu bringen. Wie der Hochverrats-Prozess fand auch dieser in Pretoria statt, weil die Regierung es den in den Townships um Johannesburg lebenden Schwarzen erschweren wollte, dazuzustoßen und ihre Unterstützung zu demonstrieren. Aber diese Rechnung ging nicht auf. Schon vor Beginn des Prozesses hatte der ANC ein «Free Mandela»-Komitee gebildet und eine entsprechende Kampagne

Mandela in einer Version der traditionellen Tracht, die er in seinem Prozess 1962 trug

gestartet. Als Mandela am 15. Oktober 1962 den Gerichtssaal betrat, schrien mehr als tausend versammelte Anhänger wie ein Mann mit hochgereckten geballten Fäusten, dem ANC-Gruß, «Amandla!» und «Ngawethu!», «Die Macht an das Volk». Um zu unterstreichen, was er von dem Verfahren der Weißen hielt, trug Mandela nicht Anzug und Krawatte, sondern ein *Kaross*, den traditionellen Leopardenfell-Umhang des Thembu-Stammes. Winnie, die ebenfalls in Tracht im Zuschauerraum saß, hatte ihrem Mann den verpackten Kaross kurz vor der Verhandlung übergeben lassen. Geschickt spielte Mandela so mit den Ängsten der Weißen vor der «dunklen» afrikanischen Kultur und bot gleichzeitig dem PAC mit seiner afrikanistischen Agenda visuell Paroli.

Die Anklage lautete auf Verlassen des Landes ohne gültige Dokumente und Anstiften zum Streik. Mandela bestritt beides nicht, verteidigte sich nicht und rief keine Zeugen auf. Er plädierte auf «nicht schuldig», denn die Gesetze, gegen die er verstoßen habe, seien von einem Parlament ohne schwarze Vertreter und deshalb unrechtmäßig zustande gekommen. «Warum stehe ich in diesem Gerichtssaal vor einem weißen Richter, sehe ich mich einem weißen Staatsanwalt gegenüber und werde von einem weißen Gerichtsdiener auf die Anklagebank geführt?», fragte Mandela und betonte: «Das gibt mir das Gefühl, ein schwarzer Mann im Gericht des weißen Mannes zu sein.» Vor dem zweiten Sitzungstag suchte ihn Staatsanwalt P. J. Bosch auf. Sie kannten sich von zahlreichen Prozessen, in denen sie beruflich miteinander zu tun gehabt hatten. «Ich wollte heute nicht ins Gericht kommen», eröffnete ihm Bosch, «[z]um erstenmal in meiner Laufbahn verabscheue ich, was ich tue. Es tut mir leid, dass ich das Gericht dazu auffordern muß, Sie ins Gefängnis zu schicken.» Nach dem Schlussplädoyer der Ankla-

ge nutzte Mandela sein Rederecht für einen Generalangriff auf
die Regierung:

Ich bin durch das Gesetz zum Kriminellen gemacht worden, nicht
wegen dem [sic], was ich getan habe, sondern wegen dem, wofür ich
stand, wegen dem, was ich dachte, wegen meines Gewissens. ... Doch
es kommt eine Zeit, wie sie in meinem Leben gekommen ist, da einem
Menschen das Recht auf ein normales Leben verweigert wird, da er nur
das Leben eines Gesetzlosen leben kann, weil die Regierung verfügt hat,
das Gesetz dazu zu benutzen, ihm den Status der Ungesetzlichkeit auf-
zuzwingen. ... Ich habe meine Pflicht gegenüber meinem Volk und gegenüber Südafrika getan. Ich habe keinen Zweifel, dass die Nachwelt
verkünden wird, dass ich unschuldig war und dass die Verbrecher, die
man vor dieses Gericht hätte stellen sollen, die Mitglieder der Regierung Verwoerd sind.

Nie hatte man in einem südafrikanischen Gerichtssaal eine elo-
quentere und machtvollere Abrechnung mit der Regierung gehört. Auch wenn man sie im Inland kaum wahrnahm, machte
der Prozess Mandela international bekannt. Das Urteil lautete
auf fünf Jahre Haft ohne Bewährung. Das war die bis dahin
härteste Strafe für ein politisches Vergehen in Südafrika. Auf
dem Weg aus dem Gerichtssaal rief Mandela dreimal «Amandla!» (Die Macht), worauf die 150 schwarzen Zuschauer jedes
Mal antworteten «Ngawethu!» (An das Volk). Bosch kam in
Mandelas Zelle und bat ihn, ihm zu vergeben. Mandela antwortete, er wisse, dass Bosch nur seine Arbeit getan habe.
    Sechs Monate saß Mandela unter verschärften Bedingungen
in Pretoria in Haft. Er durfte keine Bücher lesen und nur mehr
ab und zu Besuch erhalten. Dort traf er seinen alten PAC-Riva-
len Sobukwe, den die Regierung zu diesem Zeitpunkt für ge-
fährlicher hielt als Mandela. Obwohl sie herzlich miteinander
umgingen, blieben ihre Meinungsunterschiede bestehen. Bald
begann Mandela, sein Jura-Fernstudium an der Universität von
London fortzusetzen. Ende Mai 1963 wurde er nach Robben
Island verlegt, eine windgepeitschte Insel 25 Kilometer vor Kapstadt, auf die früher Holländer und Briten die Anführer besieg-
ter afrikanischer Stämme verbannt hatten. Das Gefängnis war

berüchtigt für die brutale Behandlung der Häftlinge. Während der Überfahrt auf einer Barkasse machten sich die Wärter einen Spaß daraus, auf ihn und andere im Laderaum aneinandergekettete Gefangene durch eine Luke herunter zu urinieren. Aber schon zwei Wochen später holte man Mandela ohne Begründung nach Pretoria zurück.

Der Prozess

«Ist es [das Versteck in Liliesleaf] sauber?», hatte Mandela gleich nach seiner Verhaftung im August 1962 seine Anwälte gefragt. Die Sorge war begründet, lagen dort doch sein Tagebuch, seine Notizen über die von afrikanischen Staatschefs erhaltenen Gelder und über das Militärtraining sowie seine Schrift *Wie man ein guter Kommunist ist*. Das Material konnte ihn an den Galgen bringen. Die Zusagen der Anwälte, alles sei sicher, erwiesen sich als falsch. Arthur Goldreich und Ruth First hatten Mandelas Papiere nämlich nicht vernichtet, sondern nur in einer Holzschachtel vergraben, um sie der Nachwelt zu erhalten. Smith sieht darin ein Symbol «für den allgemeinen Grad amateurhafter Inkompetenz» der MK-Kämpfer, nachdem sie ihren Anführer verloren hatten. Am 11. Juli 1963 hob die Polizei Liliesleaf aus. Sie fasste nicht nur beinahe das gesamte Oberkommando des MK, sondern fand auch Berge geheimer Unterlagen. Eines der wichtigsten Dokumente war ein sechsseitiger Plan für einen Guerillakrieg in Südafrika unter dem Namen *Operation Mayibuye* (Afrika, komme zurück). Dort stand gleich im ersten Absatz, dass es kaum Hoffnung auf die «Zerschlagung der weißen Oberherrschaft» gebe außer «bewaffnetem Widerstand, der zum Sieg durch militärische Mittel führt». Auch Mandelas persönliche Papiere wurden in ihrem stümperhaften Versteck entdeckt. Damit verfügte die Regierung über genug Belastungsmaterial für einen Prozess, zumal sie aufgrund der Sabotageakte des MK und mehrerer Morde an Weißen durch den bewaffneten Flügel des PAC ihre Anti-Terror-Gesetze massiv verschärft hatte. Die Polizei konnte nun jede Person, die sie eines politischen Verbrechens verdächtigte, ohne Haftbefehl festnehmen und ohne richterliche Anordnung oder Hinzuziehen eines Rechtsanwalts neunzig Tage lang einsperren. Folter wurde zur Routine. Selbst auf kleinere Sabotageakte stand jetzt die Todesstrafe. Darüber hinaus erhöhte die Regierung die Strafen für die Mitgliedschaft in verbotenen Organisationen drastisch und erleichterte Banne und Hausarreste. Südafrika war zum Polizeistaat geworden.

Erst neunzig Tage nach ihrer Gefangennahme, am 8. Oktober 1963, durften sich die Inhaftierten erstmals mit ihren Anwälten beraten. Als letzter und für die anderen überraschend wurde Mandela in den Untersuchungsraum geführt. Nach 14 Monaten im Gefängnis war er bleich, abgemagert, mit eingefallenen Wangen und Säcken unter den Augen. Im Gegensatz zu den weißen Häftlingen musste er wie ein Junge kurze Hosen tragen – ein weiterer Versuch, ihn zu erniedrigen und zu demütigen. Aber wie immer war Mandela freundlich, jovial und voller Selbstvertrauen. Am nächsten Tag erhob der Staatsanwalt im Justizpalast von Pretoria Anklage gegen elf der Gefangenen, unter anderem gegen Mandela, Sisulu, Mbeki, Ahmed Kathrada, Dennis Goldberg und Bernstein. Zwei weitere Hauptverdächtige, Goldreich und Wolpe, hatten zur Blamage der Polizei aus dem Gefängnis fliehen können. Den sechs Schwarzen, vier Weißen und einem Inder warf der Staat vier Vergehen vor: Vorbereitung eines Guerillakriegs, Verschwörung, Durchführung von Sabotageakten und Einwerbung ausländischer Gelder für diese Ziele. Die Anklageschrift war überschrieben mit *Der Staat gegen Nelson Mandela und andere*, aber das Verfahren wurde als *Rivonia-Prozess* weltbekannt. Mandela war besorgt, als er Winnie nicht im Gerichtssaal sah. Die Polizei hatte ihr das Verlassen von Johannesburg untersagt. Einigen Ehefrauen und Angehörigen anderer schwarzer Angeklagter erging es noch schlechter, sie wurden nach dem 90-Tage-Gesetz inhaftiert. Mit der Drangsalierung ihrer Familien hoffte der Staat, den psychischen Druck auf die Beschuldigten zu erhöhen.

Am nächsten Verhandlungstag drei Wochen später attackierte Hauptverteidiger Bram Fischer, der durch Zufall der Liliesleaf-Razzia entgangen war, die Anklageschrift als schludrig und voll von Absurditäten. Richter Quartus de Wet folgte ihm in dieser Argumentation und wies sie ab. Offiziell waren die Angeklagten damit frei, aber noch im Gerichtssaal verhaftete man sie wieder. Anfang Dezember 1963 legte Staatsanwalt Percy Yutar eine neue Anklage vor, jetzt gegen zehn MK-Mitglieder. Einer der «Rivonia 11», der weiße Kommunist Bob Hepple, hatte sich unter Folter bereiterklärt, mit dem Staat zu kooperieren und als Belastungszeuge Nummer 1 aufzutreten, war dann aber nach Kenia geflohen. In den nächsten drei Monaten wartete der Staatsanwalt mit 172 Zeugen und Tausenden von Dokumenten, Fotos und Beweisstücken auf. Starzeuge war Bruno Mtolo, ein Mitglied des MK-Regionalkommandos in Natal. Mandela war bestürzt über den Verrat. Er rechnete jetzt fest mit seiner Verurteilung. Als zweite zentrale Stütze führte die Anklage den Mayibuye-Plan ins Feld. Zwar war der nie vom MK-Oberkommando oder der ANC-Führung angenommen worden, aber er plädierte für Guerillaoperationen als Vorstufe für einen bewaffneten Massenaufstand gegen die Regierung.

Den Verteidigern ging es angesichts der erdrückenden Beweise primär darum, die Verhängung der Todesstrafe zu verhindern und die weniger Belasteten freizubekommen. Die Hauptangeklagten wollten sich in bestimmten Punkten schuldig bekennen und den Prozess als Plattform für ihre politischen Überzeugungen benutzen. Mandelas Führerschaft war dabei unbestritten. Joel Joffe, einer der Verteidiger, zeigte sich tief beeindruckt von der Würde und der Souveränität, die er während des Verfahrens ausstrahlte. Sogar die Gefängniswärter schienen ihn als Autorität zu akzeptieren, einige baten ihn sogar, ihre Eingaben um Beförderung zu verfassen. Joffe, der Mandela für attraktiv und interessant hielt, als er ihn zum ersten Mal traf, war am Ende des Prozesses überzeugt, er sei ein «wirklich großer Mann». Ein Kreuzverhör oder eine Zeugenaussage lehnte Mandela ab, weil er damit das Verfahren anerkannt und sich auf eine Ebene mit dem Staat begeben hätte. Vielmehr beschloss er, von der Anklagebank aus zu sprechen. Die Rede wurde eine der bedeutendsten Ansprachen des 20. Jahrhunderts und war ohne Zweifel die beste in Mandelas politischer Karriere. Sie ließ seine weltweite Verehrung ins Mythische steigen. Mandela schrieb sie allein, arbeitete allerdings einige Vorschläge seiner Mitangeklagten ein. Fischer und ein weiterer Verteidiger wollten ihn davon abbringen, die Rede zu halten, insbesondere den letzten Absatz. «Wenn Mandela dies im Gericht verliest», meinte der Verteidiger zu Fischer, «werden sie ihn sofort hinter das Gerichtsgebäude führen und aufknüpfen.»

Aber Mandela blieb sich treu. «Ein Führer», antwortete er seinen besorgten Verteidigern, «müsse die Verantwortlichkeiten akzeptieren, die mit seiner Rolle als Führer verbunden seien.» Über vier Stunden entfaltete er am 20. April 1964 im übervollen Gerichtssaal, auch Winnie und seine Mutter waren gekommen, seine politischen Überzeugungen. Er gab zu, eine bedeutende Rolle bei der Bildung des MK gespielt zu haben, stellte aber klar: «Wir wollten keinen Rassenkrieg, und wir versuchten ihn bis zur letzten Minute zu vermeiden.» Es sei keine leichte Entscheidung gewesen, sich dem gewaltsamen Widerstand zuzuwenden, und sie sei erst getroffen worden, nachdem alle Kanäle friedlichen Protests verboten worden seien. «Wir taten das, nicht weil wir diesen Weg wünschten», sagte Mandela, «sondern allein, weil uns die Regierung keine andere Wahl ließ.» Der MK sei weder eine Unterorganisation des ANC, noch werde er von Kommunisten geführt. Mit Kommunisten habe der ANC deshalb zusammengearbeitet, weil sie als einzige politische Gruppe in Südafrika bereit waren, gegen die weiße Vorherrschaft zu kämpfen und Schwarze als Menschen und Ebenbürtige zu behandeln. Er selbst, erklärte Mandela, sei nie Kommunist, sondern immer afrikanischer Patriot gewesen. Er bewundere das parlamentarische System des Westens, die *Magna Charta* und die *Bill of Rights*, die Unabhängigkeit und Unparteilichkeit seiner Rechtsprechung, halte das britische Parlament für die demokratischste Institution der Welt und schätze den US-Kongress über alle Maßen.

I am prepared to die

Einen großen Teil seiner Rede widmete Mandela der materiellen Not der Schwarzen im Land. Die furchtbare Ungleichheit zwischen schwarzem und weißem Leben in Südafrika durchziehe Gesellschaft, Wirtschaft und Staat. Weiße Vorherrschaft impliziere schwarze Minderwertigkeit. Die Schwarzen wollten Sicherheit und eine Teilhabe an der Gesellschaft, vor allem gleiche politische Rechte. «Ich weiß, dies klingt revolutionär für die Weißen in diesem Land», fuhr Mandela fort, «weil die Mehrheit der Wahlberechtigten Afrikaner sein wird. Sie lässt den weißen Mann die Demokratie fürchten. Dafür kämpft der ANC. Es ist ein Kampf für die Afrikaner, angeregt durch die eigenen Leiden und Erfahrungen. Es ist ein Kampf für das Recht auf Leben.» An dieser Stelle pausierte Mandela, legte sein Manuskript zur Seite, blickte zum Richter und hob aus dem Gedächtnis zu den Schlusssätzen an:

Mein Leben lang habe ich mich diesem Kampf des afrikanischen Volkes gewidmet. Ich habe gegen weiße Vorherrschaft gekämpft, und ich habe gegen schwarze Vorherrschaft gekämpft. Ich habe das Ideal einer demokratischen und freien Gesellschaft hochgehalten, in der alle Menschen in Harmonie und mit gleichen Möglichkeiten zusammenleben. Es ist ein Ideal, für das ich hoffe zu leben und das ich zu erreichen hoffe. Aber, mein Lord, es ist ein Ideal, für das ich, wenn nötig, zu sterben bereit bin.

Im Gerichtssaal war es totenstill, einige Frauen im Publikum brachen in Tränen aus. Zwar ging der Prozess noch zwei Monate weiter, aber mit Mandelas Rede hatte er seinen Höhepunkt erreicht.

Die Ansprache entfaltete eine enorme Wirkung. Trotz des Verbots, Äußerungen Mandelas zu verbreiten, druckte sie eine südafrikanische Zeitung ab. International kam es zu Solidaritätsadressen mit den Angeklagten. Schon am 11. Oktober 1963 hatte die UN-Generalversammlung mit 106 zu 1 Stimme – diejenige Südafrikas – die Einstellung des Prozesses und die Freilassung aller politischen Gefangenen gefordert. Am 9. Juni 1964,

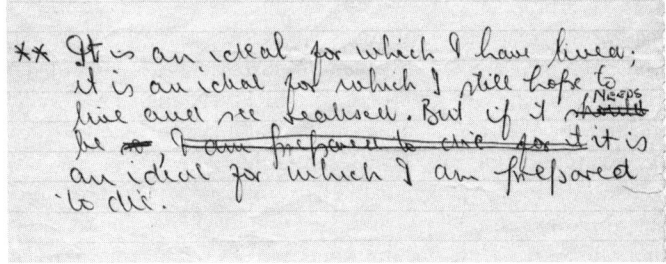

Mandelas handschriftlicher Entwurf für seine berühmten Schlusssätze.
In seiner Rede wich er leicht davon ab. Die Schlusssätze kann man hören
unter *http://www.youtube.com/watch?v=hb5xVT4mK_4*

zwei Tage vor der Urteilsverkündung, schloss sich der Sicher-
heitsrat an. Großbritannien und die USA enthielten sich, weil
sie in Pretoria ein antikommunistisches Bollwerk sahen. Da sie
es sich jedoch gleichzeitig auch mit dem schwarzen Widerstand
nicht verderben wollten, übten sie starken diplomatischen
Druck auf Südafrika aus, die Todesstrafe nicht zu verhängen.
Auch der sowjetische Generalsekretär Leonid Breschnew bat in
einem persönlichen Schreiben an Premier Verwoerd um Milde.
In vielen Städten der Welt kam es zu Demonstrationen für die
Angeklagten, die Studenten der Universität von London wählten Mandela zum Vorsitzenden ihrer Vereinigung. Dieser hatte
seine eigene Art, sich abzulenken, während der Richter das
Strafmaß erwog. Er legte Prüfungen für sein Fernstudium ab
und bestand.

Am 11. Juni 1964 verkündete de Wet sein Urteil gegen die
neun Beschuldigten. Ein Angeklagter war aus Mangel an Bewei-
sen schon ein halbes Jahr zuvor freigelassen worden. Der Richter sprach Bernstein frei und befand Kathrada eines Anklage-
punkts, die restlichen sieben aller vier schuldig. Obwohl
Chefankläger Yutar dies in seinem Schlussplädoyer nicht gefordert hatte, war sich Mandela sicher, sie würden zum Tode verurteilt. Selbst dann, so hatten die Angeklagten sich geeinigt,
wollten sie keine Berufung einlegen, weil das als Zeichen der
Schwäche erscheinen konnte. Am nächsten Morgen verlas de

Wet die Strafe: lebenslängliche Haft für alle acht. An 2000 Demonstranten vorbei wurden sie zurück ins Gefängnis gebracht und noch in der Nacht in einer Militärmaschine nach Robben Island geflogen. Nur Goldberg kam in ein Gefängnis für Weiße in Pretoria – auch vor verurteilten Sträflingen machte die Rassentrennung nicht halt. Die Buren jubilierten, zum ersten Mal schienen sie unangefochtener Herr im eigenen Haus zu sein. Auf dem Weg zum Flughafen erklärte ein Polizist Mandela und den anderen: «Wißt ihr, ihr Jungs werdet nicht lange im Gefängnis sein. Die Forderungen nach eurer Freilassung machen zu viel Druck. In ein oder zwei Jahren werdet ihr rauskommen und als Nationalhelden heimkommen. ... Ja, ihr Jungs habt's geschafft.» In seinen Memoiren kommentierte Mandela trocken: «Unglücklicherweise lag er mit seiner Voraussage nahezu drei Jahrzehnte daneben.»

Mandela musste sich darüber klar werden, dass er mit seiner Hinwendung zum bewaffneten Kampf auf ganzer Linie gescheitert war. Die Sabotagekampagne des MK schädigte die südafrikanische Wirtschaft nur minimal und machte die Regierung nicht gesprächsbereiter. Anstatt einzulenken, antwortete sie mit brutalen Maßnahmen und zerschlug jeden schwarzen Widerstand. Mitte 1964 existierte der MK praktisch nicht mehr, befand sich seine gesamte Führung im Gefängnis oder auf der Flucht. Fast 8000 Aktivisten und Sympathisanten wurden politischer Vergehen angeklagt, fast alle zu langen Haftstrafen verurteilt. Das Ausland bekundete zwar seine Sympathie mit den Freiheitskämpfern, aber Sanktionen gegen Südafrika erfolgten nicht. Die meisten weißen Südafrikaner waren froh, dass der Spuk ein Ende hatte, die Nationale Partei zog mit wachsenden Stimmenanteilen von Wahlsieg zu Wahlsieg. Die Verschwörer um Mandela hatten die Wirkung ihrer Taten und die Macht der Regierung wie die Effektivität der Polizei völlig falsch eingeschätzt. «Der Preis für diese Fehlkalkulation war riesig», schreibt Mandela-Biograf Martin Meredith. «Die nationalistische Bewegung war vernichtet, und eine Stille brach für mehr als ein Jahrzehnt herein. Auf Robben Island gerieten Mandela und seine Kollegen weitgehend in Vergessenheit.»

6. Häftling Nr. 466/64

Mandela und seine Mitstreiter kamen in Einzelzellen in einem eigenen Gebäude innerhalb eines neuen Hochsicherheitsgefängnisses. Dies sollte verhindern, dass sie die etwa 1000 anderen auf Robben Island Inhaftierten politisch infizierten. Mandelas Zelle markierte eine weiße Karte, auf der «N Mandela 466/64» stand – er war als 466. Gefangener im Jahr 1964 auf die Insel gekommen. Die Zelle maß 2,45 mal 2,15 Meter, die Mauern waren feucht, die Schlafdecken abgewetzt, als Toilette gab es einen Eimer. In den nächsten Monaten verlegte die Regierung weitere zwei Dutzend nicht-weiße Regierungsgegner in den Isolationstrakt.

Mandelas Haftalltag war in den ersten Jahren monoton und hart: Wecken um 5 Uhr 30, Zellen säubern, Toiletteneimer leeren, mit kaltem Wasser waschen und rasieren, zum Frühstück Maisbrei, Inspektion, den ganzen Vormittag stupides und anstrengendes Steineklopfen im Hof, zum Mittagessen gekochter Mais, dann wieder Steineklopfen, Waschen mit kaltem Meerwasser, zum Abendessen um 16.30 Uhr wieder Maisbrei, ab und zu mit verkochtem Gemüse und knorpeligem Fleisch, den langen Abend allein in der Zelle. Die ganze Nacht brannte eine 40-Watt-Birne. Es gab weder Radio noch Zeitungen, nur alle sechs Monate durften die Häftlinge einen Brief mit höchstens 500 Wörtern an die engste Familie schreiben, und der wurde auch noch zensiert. Bis auf den Inder Kathrada mussten alle Shorts tragen wie kleine Jungs. Mandela protestierte, bekam lange Hosen, beschwerte sich, dass seine Mithäftlinge keine hatten, und zur Strafe nahm man ihm seine wieder weg. Im Januar 1965 begann die erbarmungslose Arbeit in einem Kalksteinbruch, wo es im Winter bitterkalt, im Sommer unerträglich heiß und grell war. Drei Jahre dauerte es, bis die Häftlinge Sonnenbrillen tragen durften, die sie selbst bezahlen mussten, aber da waren Mandelas Augen schon geschädigt.

Trotz oder vielleicht wegen aller Härten entwickelte sich Mandela im Gefängnis zu einem wahren Führer. Hätte die Regierung ihn gleich nach seiner Inhaftierung 1962 hingerichtet, wäre er als Märtyrer des schwarzen Widerstands, eine der zentralen Figuren des bewaffneten Kampfs gegen das Apartheid-Regime, gestorben. Aber er wäre auch als militant, ungeduldig und hochmütig, als naiver und letztlich gescheiterter Revolutionär in Erinnerung geblieben. Das gute Vierteljahrhundert im Gefängnis verwandelte Mandela in eine Kultfigur. Schon im Rivonia-Prozess erwies er sich als gereift und besonnen. Der Mann, der 1990 freikam, zeigte Menschlichkeit, Wärme, Nachsicht und Humor.

Mandelas Wandlung

Es war wohl eine Reihe von Faktoren, die Mandela in den Gefängnisjahren formten. Die langen Stunden in der Einsamkeit der Zelle oder bei der harten Arbeit, bei der man sich anfangs nicht unterhalten durfte, gaben ihm viel Zeit zum Nachdenken über seine Prinzipien. Mandela half es sehr, mit seinen langjährigen engen Weggefährten zusammen zu sein. Anfangs konnten sie sich nur beim Essen oder im Waschraum unterhalten, später auch auf dem Weg zur Arbeit. Im Gespräch mit ihnen konnte er seine Ideen ausprobieren und weiterentwickeln. «Der größte Fehler der Regierung bestand darin, uns zusammenzuhalten, denn das Zusammensein verstärkte unsere Entschlußkraft», schrieb Mandela später. Sie richteten sich gegenseitig auf und konnten sich versichern, dass das gemeinsame Ziel die Haft wert und die Auseinandersetzung mit der Apartheid nicht zu Ende war. «Wir betrachteten den Kampf im Gefängnis als Mikrokosmos des Kampfes insgesamt. Wir würden drinnen genauso kämpfen wie wir draußen gekämpft hatten.» Mandela strahlte dabei absolute Siegesgewissheit aus. Einem Journalisten sagte er 1973, er habe nie einen Tag der Depression gehabt, «weil ich weiß, dass meine Sache triumphieren wird». Die Rivo-

Eines von nur zwei Bildern, das Mandela (hier mit Walter Sisulu im Jahr 1964) während seiner 27 Gefängnisjahre zeigt.

nia-Häftlinge bauten eine eigene Organisationsstruktur auf mit einem *High Organ* an der Spitze. Ihm gehörten mit Mandela, Sisulu, Mbeki und Raymond Mhlaba vier ehemalige Mitglieder des ANC-Exekutivkomitees sowie ein rotierendes Mitglied an. Wie selbstverständlich akzeptierten sie Mandela als ihren Führer, da er den MK im Untergrund geleitet hatte. Dass auch Spitzenleute des PAC und Trotzkisten in ihrem Trakt untergebracht waren, bot Mandela die Gelegenheit, deren Vorstellungen besser kennenzulernen. Zwar kam es öfters zu Streit und gegenseitigen Vorwürfen zwischen ihm und den Vertretern der anderen Gruppen, aber manchmal näherten sich die Positionen auch einander an. Robben Island wurde damit «ein politisches Laboratorium» für die Zusammenarbeit der rivalisierenden schwarzen Parteien.

Oberstes Ziel Mandelas und seiner Mithäftlinge war es, sich auf keinen Fall ihren Geist brechen und ihre Willenskraft vernichten zu lassen. «Würde» hieß das Zauberwort für Mandela, von ihr, schrieb er, sei er nicht zu trennen, «um keinen Preis und unter keinem Druck». Er wurde disziplinierter und abgeklärter. Selbst auf erniedrigende Provokationen von weißen Wärtern reagierte er stoisch, wenn er explodierte, dann war das Taktik. Nur einmal, 1975, vergaß er sich, als die Behörden Winnie einen Besuch bei ihm verweigerten und der Gefängnisleiter sie im Gespräch mit Mandela beleidigte. Mandela, der als guter Missionsschüler nie fluchte, warf ihm daraufhin üble Schimpfwörter an den Kopf. Zurück in der Zelle ärgerte er sich, die Selbstbeherrschung verloren und dem Gefängnisleiter einen moralischen Sieg verschafft zu haben. Mandela wurde wegen Beleidigung und Bedrohung angeklagt, kam jedoch ungeschoren aus der Sache heraus, weil er dem Leiter mit einer Gegenklage wegen Amtsmissbrauch Paroli bot.

Wichtigstes Instrument zum Erhalt der Würde war der Kampf gegen die brutalen Haftbedingungen. Gegenüber den wenigen Besuchern – ausländischen Journalisten, Vertretern des Roten Kreuzes und der südafrikanischen Parlamentsabgeordneten Helen Suzman von der liberalen *Progressive Party* – drängte Mandela als Sprecher der Gefangenen immer wieder auf eine menschenwürdige Behandlung. Tatsächlich verbesserten sich langsam die Zustände. Auf Suzmans Intervention hin erhielten die Häftlinge 1967 lange Hosen und im Winter Pullover, sie durften sich auf dem Hof und im Steinbruch unterhalten, Schach, Dame und Domino spielen, ab und zu bekamen sie Eier und Obst. Sogar das Lesen erlaubte man ihnen, wenn auch nicht von Zeitungen. Nur einmal konnte ein Häftling die Gefängnisleitung kurzzeitig austricksen, als er angab, das britische Nachrichtenmagazin *The Economist* für seine Wirtschaftsstudien zu benötigen und es einige Monate bekam.

Aber es gab auch Rückschläge. Als sich Mandela beim Oberaufseher der südafrikanischen Gefängnisse schriftlich über die harte Arbeit und Übergriffe auf Häftlinge beschwerte, wechselte Pretoria Ende 1970 den Gefängnisleiter aus. Der neue, Oberst Piet Badenhorst, und seine Wärter etablierten jedoch ein brutales Regiment, strichen aus nichtigen Anlässen Mahlzeiten, nahmen den Gefangenen die Bücher weg und demütigten sie. Einige wurden sogar geschlagen. Mandela ließ Nachrichten über diese Vergehen nach draußen schmuggeln und ging an der Spitze einer Delegation von Häftlingen zu Badenhorst. Er drohte ihm mit Streik, wenn dieser seinen Führungsstil nicht änderte und die meisten Vergünstigungen nicht wieder gewährte. Vor einer Kommission aus drei Richtern und dem Oberaufseher der Gefängnisse wiederholte Mandela seine Anschuldigungen. Einige

Monate später wurden Badenhorst und seine Wärter versetzt. Zum Abschied wünschte dieser einem verblüfften Mandela viel Glück. Der erwiderte diese Geste freundlich. Das Verhalten Badenhorsts bestätigte Mandela in seiner Einschätzung, dass die Gefängnisaufseher nicht per se böse Menschen, sondern Produkte eines unmenschlichen Systems waren, denen man mit Mitleid statt mit Hass begegnen musste und deren Ansichten man bisweilen beeinflussen konnte.

Unter dem neuen Gefängnisleiter, Willie Willemse, verbesserte sich die Lage. Mandela verhandelte direkt mit ihm und stellte eine Art Arbeitsbeziehung her. Willemse schaffte harte Arbeit im Steinbruch ab und erlaubte den Häftlingen unbeschränkte Studien. Shakespeare und klassische Dramen avancierten wegen ihrer politischen Bezüge zur Lieblingslektüre. Die Häftlinge führten die *Antigone* mit Mandela als Kreon auf, einem eigentlich weisen, aber später mitleidlosen und verbohrten König. Seine Tochter Antigone rebelliert gegen Kreons ungerechtes Gesetz und wurde damit für Mandela zum «Symbol für unseren Kampf». 1972 bekamen die Häftlinge zwei Garnituren neue Unterwäsche, seit 1973 erhielten sie warmes Wasser zum Waschen und Duschen, 1975 durften sie sogar einen improvisierten Tennisplatz auf dem Hof anlegen. Der Gefängnisleiter sah in Mandela, wie er später sagte, «einen Mann von besonderem Format», auch der Rot Kreuz-Beauftragte war bei seinen Besuchen auf Robben Island beeindruckt von Mandelas einzigartiger Stellung. Nicht allein bei den Mithäftlingen genoss dieser höchstes Ansehen, auch die Mehrheit der Wärter respektierte ihn. Ein Aufseher sagte später: «In dem Augenblick, wo er in ein Zimmer kam, erkanntest du an seinem Verhalten, seiner Art zu sprechen, seiner Kleidung, dass er ein Führer war.» Mandela begann, Afrikaans zu lernen, und mit den jungen Aufsehern in ihrer Sprache zu diskutieren. Bald verstand er die Buren besser als jeder andere. «Es schien», berichtete Mandela nicht ohne Stolz, «als ob nicht die Behörden, sondern die Insassen das Gefängnis leiteten.» Trotzdem musste Mandela stets auf der Hut sein. In seinen Memoiren schildert er zwei Versuche, ihn durch Lockvögel zur

Flucht zu verleiten, wobei er wahrscheinlich erschossen werden sollte.

Wichtigste Errungenschaft der Gefangenen war jedoch die Möglichkeit zum Studium. Gleich zu Beginn der Haft hatte Mandela darauf gedrungen, ein Universitätsklima auf Robben Island zu schaffen, und sich damit durchgesetzt. Gefangene mit akademischem Abschluss oder mit einer anderen Qualifikation unterrichteten nun in ihrem Fach, Mandela etwa Politische Ökonomie. Analphabeten lernten lesen und schreiben, andere Häftlinge Englisch, wieder andere nahmen ein Fernstudium auf. Mandela setzte auch hier sein Jurastudium an der Universität von London fort. Selbst einige junge Wärter ließen sich von diesem Eifer anstecken. Mandela überwachte die Fortschritte mit großer Strenge, den weißen Studien-Aufseher, der seiner Meinung nach zu wenig tat, ermahnte er: «Sergeant, Sie sollten sich schämen. Ich bin ein Xhosa und habe Afrikaans und Niederländisch gelernt.» Mitgefangene aller politischen Lager beriet Mandela verbotenerweise in Rechtsangelegenheiten. Aber nicht alles lief rund im Gefängnis. In der klösterlichen Atmosphäre kam es zu jahrelangen ideologischen Debatten zwischen Marxisten und Pragmatikern, die Mandela-Biograf Sampson Robben Island mit «einer abgelegenen, linken Universität» vergleichen ließen. Trotz der kameradschaftlichen und toleranten Kultur unter den Häftlingen geriet Mandela mit Mbeki in heftigen Streit über die Frage, wie man sich zur Bantustan-Politik der Regierung – also zur Einrichtung schwarzer Marionettenstaaten – stellen solle. Der kommunistische Dogmatiker Mbeki lehnte jede Kooperation als Kapitulation vor der Apartheid ab, der Pragmatiker Mandela glaubte, Regierungskollaborateure wie Matanzima in der Transkei schwächen zu können, indem man bei den dortigen Wahlen die Opposition unterstützte. In seinem Endziel, der Abschaffung der Apartheid, kannte Mandela allerdings keine Kompromisse. Zweimal bot ihm Justizminister Jimmy Kruger Mitte der 1970er Jahre eine erhebliche Haftverkürzung an, wenn er die Regierung in der Transkei als rechtmäßig anerkenne und sich dort niederlasse. Mandela lehnte ab.

1975 griff Mandela eine Idee Sisulus und Kathradas auf und begann, im Geheimen seine Biografie zu schreiben. Er arbeitete die ganze Nacht, und jeden Tag kommentierten seine Freunde die 10 bis 15 neuen Seiten. Dann übertrug ein Mithäftling sie in Miniaturschrift, versteckte die Kopie im Einband seiner Notizbücher und schmuggelte sie bei seiner Freilassung 1976 aus dem Gefängnis. Der Text wurde in London abgetippt und an ANC-Chef Tambo in seinem Hauptquartier in Lusaka übergeben. Dieser ließ ihn jedoch nie veröffentlichen, wahrscheinlich, weil Slovo und Dadoo glaubten, Mandela habe die Rolle der Kommunisten im Kampf gegen die Apartheid nicht genug gewürdigt. Aber es kam noch schlimmer. Mandela und seine Freunde hatten die 500 Originalseiten in drei Kakaodosen gesteckt und im Garten des Gefängnishofs vergraben. Beim Bau einer Mauer ein Jahr später drohten Häftlinge darauf zu stoßen. Zwei der Bündel konnten Mandela und seine Freunde noch vernichten, aber das dritte gelangte in die Hände der Wärter und weiter an den Oberaufseher für die Gefängnisse. Mandela, Sisulu und Kathrada verloren daraufhin vier Jahre lang das Privileg, ihre Studien zu betreiben. Aber schon 1977 feierte Mandela wieder einen kleinen Sieg. Nach Jahren der Proteste schafften die Behörden die körperliche Arbeit im Steinbruch ab. Jetzt konnte er den ganzen Tag lesen, Briefe schreiben und mit seinen Kameraden diskutieren. Seine Lieblingsbeschäftigungen waren das Gärtnern und das Tennisspielen im Innenhof. Auch nahm Mandela sein striktes Fitnessprogramm wieder auf, das er seit Jugendtagen betrieben, aber wegen der Knochenarbeit im Steinbruch unterbrochen hatte. Von Montag bis Donnerstag lief er in seiner Zelle 45 Minuten auf der Stelle, machte einhundert Liegestütze auf den Fingerspitzen, Kniebeugen und andere Übungen. 1980 bekamen die Häftlinge die ersehnten, wenn auch zensierten Zeitungen, und Mandela durfte sein Fernstudium fortsetzen.

Nach wie vor litt er enorm an der Trennung von Winnie und seiner Familie, ihrer Misshandlung durch die Behörden und dem Gefühl, seinen Pflichten als Ehemann, Vater und Sohn nicht nachkommen zu können. Mandelas Status als verurteilter Terrorist ließ die gesamte Familie unter Dauerverdacht geraten und erschwerte ihren Alltag ungemein. Während seiner langen Gefängnisjahre mussten die Töchter oft die Schule wechseln, ihre Herkunft verleugnen und manchmal sogar ihr Aussehen verändern. Weder zum Begräbnis seiner Mutter 1968 noch zu dem seines Sohns Thembi, der 1969 bei einem Autounfall starb, durfte Mandela gehen. Nur einmal hatte ihn seine Mutter auf Robben Island besucht, Thembi war überhaupt nie gekommen, obwohl er in Kapstadt lebte. Wie seine anderen Kinder hatte er sich von seinem Vater entfremdet. Seine Tochter Zindzi besaß keinerlei Erinnerung an ihren Vater, als sie ihn Mitte der 1970er Jahre zum ersten Mal auf Robben Island besuchte. Am härtesten traf Mandela aber Winnies Schicksal. Er durfte sie in den 1960er Jahren nur selten sehen, und selbst dann mussten sie ihre Gespräche durch eine Trennscheibe führen, ihre Briefe aneinander wurden zensiert. Die Polizei versuchte Mandela zu zermürben, indem sie Winnie ständig überwachte und wegen Lappalien verfolgte. Für das Verteilen von ANC-Flugblättern kam sie im Mai 1969 für 13 Monate in Einzelhaft, 160 Tage durfte sie weder duschen noch baden. Sie musste Dauerverhöre sowie zwei Gerichtsverfahren über sich ergehen lassen, bis sie zusammenbrach und auspackte. Die Folgen waren dramatisch. Winnie magerte ab, litt unter Gesundheitsproblemen und zeigte Symptome von Paranoia. 1973 und 1976 wurde sie für sechs beziehungsweise fünf Monate inhaftiert, im Mai 1977 in die triste Burenstadt Brandfort verbannt. Sie trat jedoch weiterhin öffentlich für den ANC und ihren Mann ein und versorgte die Häftlinge auf Robben Island mit Informationen. Winnie war Mandelas Sprachrohr und das wichtigste Gesicht des ANC im Lande. Aber Winnie beklagte sich auch, sie verliere ihre Identität, weil man sie nur mehr als «Mandelas Frau» wahrnehme. Das wollte sie auf keinen Fall akzeptieren. Winnie begann ihren eigenen, leidenschaftlichen Kampf gegen die Apartheid. Obwohl Mandela die Ehe mit ihr seiner politischen Arbeit untergeordnet hatte, liebte er Winnie zutiefst, seine Briefe zeigen eine unbekannte Seite seiner Persönlichkeit: zärtlich, emotional, mit Anspielungen auf die leidenschaftlichen Jahre. Sehnsuchtsvoll erwartete er ihre Zeilen: «Ich werde sofort fröhlich, wenn ein

Brief von Dir kommt», schrieb er ihr im Juli 1975, «und fühle mich, als flöge ich über den Wolken.» Er wusste, was Winnie wegen seiner politischen Aktivitäten und seiner Haft durchmachte. «Deine Liebe und Hingabe haben eine Schuld erzeugt, die ich nie zurückzahlen kann und will», meinte er 1979. Mandela begann, Winnie zu idealisieren.

Revolten

Was Mandela ebenfalls belastete, war das Wissen, dass das Apartheid-Regime fest im Sattel saß und er keinen Einfluss mehr auf die Entwicklungen im Land und im ANC nehmen konnte. Die Nationale Partei reihte Wahlsieg an Wahlsieg, der bewaffnete Kampf machte kaum Fortschritte, das Ausland kaufte südafrikanische Edelmetalle und Erze und investierte kräftig, selbst schwarze afrikanische Staatschefs betonten Ende der 1960er Jahre die Notwendigkeit einer Kooperation mit Pretoria. Die Lage änderte sich jedoch zu Beginn der 1970er Jahre. Zum einen traten die schwarzen Industriearbeiter selbstbewusster auf und setzten mit Streiks eine Verbesserung der Arbeitsbedingungen durch. Zum anderen stieg Steve Biko, ein junger Medizinstudent, zum Sprachrohr des Widerstands gegen die Apartheid auf. Inspiriert von der amerikanischen Bürgerrechtsbewegung, unter anderem von Malcolm X, und den Studentenprotesten forderte die von ihm geführte *Schwarzes-Bewusst-sein-Bewegung* (Black Consciousness Movement/BCM) ein selbstsicheres Auftreten der Schwarzen und kompromisslosen Widerstand gegen die Unterdrücker. Mandela und der ANC standen Biko zunächst skeptisch gegenüber, weil sie in ihm einen schwarzen Nationalisten sahen. Winnie dagegen war Feuer und Flamme für die jungen Rebellen, die das Vakuum füllten, das das Verbot von ANC, PAC und KP und die Inhaftierung ihrer Führer hinterlassen hatte. Für sie war Winnie nicht primär Mandelas Frau, sondern eine prominente Aktivistin, die ihre militanten Forderungen teilte.

Als die Regierung beschloss, schwarze Schüler an höheren Einrichtungen künftig zur Hälfte in Afrikaans – der Sprache der

weißen Herren – unterrichten zu lassen, und alle Eingaben der
Eltern dagegen nichts fruchteten, kam es an vielen Schulen zu
Boykotten. Am Morgen des 16. Juni 1976 marschierten Tausende Schüler, unterstützt vom BCM, in einem Protestzug durch
Soweto. Die Polizei verbarrikadierte ihnen den Weg, Steine
flogen, ein Polizist gab einen Schuss ab, Chaos und Panik folgten. Die Situation eskalierte, Panzerwagen und Hubschrauber
rückten an. Am Abend waren 23 Personen tot, darunter der
13-jährige Hector Pieterson und zwei Weiße. In den darauffolgenden Tagen breiteten sich die Unruhen auf andere Städte aus,
bis zum Jahresende gab es Hunderte weiterer Opfer. Im August
1977 nahmen Polizisten Biko fest und folterten ihn zu Tode.
Mandela erfuhr Einzelheiten über den Schüleraufstand von verurteilten Anhängern Bikos, die seit August 1976 nach Robben
Island kamen. So sehr er sich über das Ausmaß der Proteste
freute, so sehr erschreckten ihn die Aggressivität der Widerständler und ihre Skepsis gegenüber dem ANC. Im Gefängnis suchten
viele der neuen Häftlinge aus Prinzip die Konfrontation mit den
Wärtern und lehnten Mandelas Politik der Verständigung als
schwächlich und duckmäuserisch ab. Erst mit der Zeit gelang es
den Veteranen, einige der jungen Radikalen vom Sinn disziplinierten und geschlossenen Handelns zu überzeugen. Mehr und
mehr BCM-Anhänger traten zum ANC über. Mandela spielte
dabei als besonnener Vermittler zwischen den verschiedenen
schwarzen Gruppen, aber auch zwischen Gefängnisleitung und
Häftlingen eine entscheidende Rolle.

Um sich über die Wurzeln und die Bedeutung der Black Con-
sciousness-Bewegung klarer zu werden, schrieb er einen langen
Aufsatz, der aus dem Gefängnis geschmuggelt wurde. Obwohl
Mandela ihre machtvolle Weltanschauung und fähige Führung
lobte, warf er dem BCM vor, importierte Konzepte aus Amerika
in einem Stück zu schlucken, ohne zu sehen, dass in Südafrika
progressive Weiße, darunter Marxisten, Liberale, Missionare
und Geschäftsleute, den Freiheitskampf unterstützten. Das
BCM nehme den Charakter einer «rassistischen Sekte» an und
negiere die Ideen von Marx und Engels, die ein Drittel der
Menschheit «von allen Arten der Unterdrückung» befreit hät-

ten. Scharf verurteilte Mandela den Fanatismus, mit dem der BCM das Wort «schwarz» gebrauchte, und die «oberflächliche Art» der Ablehnung des Afrikaans. Es werde schließlich auch von 95 Prozent der Farbigen und vielen Indern gesprochen. Man müsse Sprache, Literatur und Geschichte der Unterdrücker kennen, um ihre Stärken und Schwächen herauszufinden. Außerdem würden die drei Millionen Buren nach der Befreiung eine mächtige Minderheit im Lande sein, «deren Kooperation und guter Wille für den Wiederaufbau des Landes gebraucht werden». Die Realisten im BCM hätten zu begreifen, so Mandela, dass man nur siegen könne «mit einer disziplinierten Freiheitsarmee unter einheitlichem Kommando, die moderne Waffen benutzt und von einer vereinigten Bevölkerung getragen wird». Der Aufsatz las sich wie eine Liste der Eckpfeiler von Mandelas politischem Programm: Nicht-Rassismus, Pragmatismus, Ausgleich mit den Gegnern, Führungsanspruch des ANC, Gewalt als legitimes Mittel des Kampfs gegen die Apartheid, Dankbarkeit für die Unterstützung sozialistischer Staaten.

7. Der Verhandler

Mit den Soweto-Unruhen wuchsen die rassischen Spannungen. Sie führten dazu, dass die Welt und Südafrika Mandela nach zwei Jahrzehnten weitgehender Isolation wieder wahrnahmen. Indien zeichnete ihn 1979 mit dem Nehru-Preis aus, ein Jahr danach verlieh ihm Glasgow die Ehrenbürgerwürde. Desmond Tutu, der neue anglikanische Bischof von Johannesburg, prophezeite im April 1980: «Wir brauchen Nelson Mandela, weil er mit höchster Wahrscheinlichkeit der erste schwarze Premierminister werden wird.» Der ANC, der aus Angst vor einem Personenkult bisher keine Einzelperson im Widerstandskampf herausstellen wollte, startete eine *Free Mandela*-Kampagne. Tatsächlich stieß sie national und international auf große Resonanz. Der UN-Sicherheitsrat verabschiedete eine entsprechende Resolution, sogar der südafrikanische Ex-Geheimdienstchef Hendrik van den Bergh sprach sich für die Freilassung Mandelas aus. Auch die Regierung in Pretoria interessierte sich wieder für ihren wichtigsten Häftling. Anfang 1981 ließ der neue Justizminister Kobie Coetsee ein Persönlichkeitsprofil von ihm anfertigen. Darin hieß es:

A. Mandela ist außerordentlich motiviert und vertritt einen stark idealistischen Ansatz.

B. Er unterhält hervorragende persönliche Kontakte, ist besonders jovial und verhält sich gegenüber Autoritäten immer freundlich und respektvoll.

C. Er sucht stets Einfluss zu nehmen, ist dabei aber nie taktlos oder provozierend. ...

F. Er ist ein praktischer und pragmatischer Denker, der auf philosophischer Grundlage eine durchführbare Lösung erarbeiten kann. ...

I. Er hat einen unerschütterlichen Glauben an seine Sache und den letztlichen Sieg des schwarzen Nationalismus. ...

K. Er ist der Meinung, dass Selbstdisziplin und das ständige Ergreifen der Initiative Voraussetzungen für den Erfolg sind.

Es besteht kein Zweifel daran, dass Mandela alle Eigenschaften besitzt, der Schwarzenführer Nummer eins in Südafrika zu sein. Seine Zeit im Gefängnis hat seine psychologische Stellung eher verbessert als verschlechtert.

Diese Einschätzung Mandelas war bemerkenswert akkurat. Allein die Tatsache, dass der Justizminister ein solches Gutachten einholte, zeigte eine gewisse Bewegung in der Nationalen Partei. Mandela seinerseits begann, systematisch Kontakte zu möglichen Verbündeten für die Zeit nach seiner Haft aufzubauen. Obwohl er ihre Kooperationspolitik mit der Regierung verurteilte, unterhielt er persönlich freundliche Beziehungen mit Transkei-Premier Matanzima und Zulu-Führer Mangosuthu Buthelezi. Er suchte Kontakte zu wichtigen Kirchenvertretern, selbst zu Repräsentanten der Holländisch Reformierten Kirche, die die Apartheid unterstützt hatte. «In seinen Briefen klang Mandela ganz und gar nicht wie ein Gefangener, der eine lebenslange Haftstrafe absaß,» analysiert Sampson, «sondern eher wie der Führer einer Regierung im Exil, der darauf wartete, eine neue geeinte Nation zu schaffen.»

Auf dem Weg zur Unregierbarkeit

Von allen Seiten wuchs der Druck auf die südafrikanische Regierung. Die Townships waren in ständigem Aufruhr, und der Sicherheitsring der von Weißen regierten Nachbarstaaten zerfiel. Gestärkt durch den Zustrom tausender junger Rekruten gelangen dem MK, seit 1966 offiziell bewaffneter Arm des ANC, schwere Sabotageakte. Premier Pieter Willem Botha antwortete mit Angriffen auf dessen Operationsbasen in Lesotho, Mosambik und Simbabwe, die Sicherheitspolizei tötete gezielt Anti-Apartheid-Aktivisten, darunter Ruth First. Der MK reagierte mit seinem ersten Autobomben-Attentat, bei dem 19 Menschen starben und 200 verletzt wurden. Vor dem Hintergrund dieser Spirale der Gewalt endete im April 1982 Mandelas Zeit auf Robben Island. Mit Sisulu, Mhlaba und Andrew Mlangeni brachte man ihn ins Pollsmoor-Gefängnis, eine knappe Stunde südöstlich von Kapstadt. Mit der Verlegung wollte die Regierung zum einen Mandela und die Mitglieder des High Organ von den jüngeren radikalen politischen Häftlingen und Kommunisten trennen, zum anderen das Ausland besänftigen. «Sie müssen das bereinigen und sie [die politischen Häftlinge] aus dem Rampenlicht entfernen», hatte Botha seinem neuen Justizminister aufgetragen. In Pollsmoor behandelten die Wärter die Häftlinge besser, sie bekamen ordentliches Essen, durften Zeitungen lesen, fernsehen und 52 Briefe im Jahr verschicken und erhalten. Mandela konnte auf der Dachterrasse einen Garten anlegen und im Mai 1984 sogar erstmals nach 21 Jahren seine Frau wieder in den Arm nehmen.

Gleichzeitig versuchte Pretoria, gegen die ökonomischen und demografischen Realitäten anzukämpfen. Der Pool an weißen Facharbeitern war erschöpft, so dass man schon in den 1970er Jahren die Tätigkeitsbeschränkungen für Schwarze aufheben, Gewerkschaften zulassen und mehr Geld in die Schulen der Townships und Homelands stecken musste. Außerdem hatte die hohe Geburtenrate der Schwarzen den Anteil der Weißen an der Bevölkerung seit 1951 von 21 auf 14 Prozent schmelzen lassen. Bis 2005 sollte er auf unter 10 Prozent fallen. Um neue Verbündete zu gewinnen, gewährte Botha Farbigen und Indern eigene Parlamentskammern mit Mitspracherechten bei sozialen Fragen. Viele Schwarze, aber auch Farbige, Inder und progressive Weiße sahen dies als Affront und gründeten mit der *Vereinigten Demokratischen Front* (UDF) eine neue Dachorganisation für Anti-Apartheid-Gruppen. Botha, nach einer Verfassungsänderung Präsident mit großen Vollmachten, geriet mehr und mehr in die Defensive. Vor dem Parlament bot er an, Mandela freizulassen, wenn dieser bedingungslos auf Gewalt als politische Waffe verzichte. Das war ein offensichtlicher Versuch, ihn gegen den ANC in Stellung zu bringen. In seiner Antwort, die seine Tochter Zindzi am 10. Februar 1985 während einer UDF-Versammlung vor einer riesigen Menge im Soweto-Stadion verlas, beteuerte Mandela deshalb seine unverbrüchliche Loyalität zum ANC und zu dessen Führer Tambo. Es liege an Botha, die Gewalt zu beenden, indem er die Apartheid abschaffe, die politischen Gefangenen freilasse und das Verbot des ANC aufhebe. «Mir liegt meine Freiheit sehr am Herzen», fuhr Mandela fort, «aber eure Freiheit liegt mir noch mehr am Herzen. ... Eure Freiheit und meine Freiheit sind nicht zu trennen.» Das einzige, was Botha mit seinem Angebot erreichte, war, dass Mandela Mitsprache über die Bedingungen seiner Freilassung erhielt.

Staatsterror und Terror schwarzer Radikaler gegen Polizisten und angebliche Spitzel schaukelten sich gegenseitig hoch. In Lusaka rückte der ANC von einer Verhandlungslösung ab und propagierte einen Volkskrieg, geführt von mobilen Kampfeinheiten, die auch zivile Opfer akzeptierten. Tambo rief dazu auf, Südafrika unregierbar zu machen. Viele Townships standen ohnehin schon am Rand zur Anarchie, Mieten wurden nicht mehr bezahlt, Kinder gingen oft nur noch zur Schule, um die Symbole weißer Unterdrückung zu zerstören, in «befreiten Zonen» praktizierten Gangs eine «alternative Justiz», schwarze Staatsangestellte und Polizisten wurden regelmäßig umgebracht. Am 20. Juli 1985 rief die Regierung den Ausnahmezustand aus,

inhaftierte Zehntausende ANC-Aktivisten und schickte
35 000 Soldaten in die Townships, ohne damit die Lage beruhi-
gen zu können. Im Gegenteil, angesichts eines drohenden Bür-
gerkriegs zogen westliche Investoren und Banken Gelder ab
oder verlängerten Kredite nicht. Amerikanische Apartheidgeg-
ner zwangen ihre Fondsmanager, südafrikanische Aktien zu
verkaufen. Dazu riss der Preisverfall beim Gold, dem mit Abstand wichtigsten Exportgut, riesige Löcher in Handelsbilanz
und Staatshaushalt. Die direkten und indirekten Kosten der
Apartheid – der große Beamten- und Sicherheitsapparat zur
Durchsetzung der Rassentrennung, das Dreikammersystem mit
151 Ministerien, davon allein 18 für Gesundheit und Wohl-
fahrt, die Zuschüsse für die Homelands, die Streiks, Sanktionen
und Militärinterventionen – beliefen sich auf 50 Prozent des
Budgets. Die Folgen der vielfältigen Belastungen waren dramatisch: Der Randkurs kollabierte, die Inflation schoss auf zwei-
stellige Werte, ausländische Kredite bekam Pretoria nur mehr
mit kurzer Laufzeit und zu hohen Zinsen, der Lebensstandard
der Weißen fiel. Die Apartheid drohte das Land in den ökonomischen Ruin zu treiben. Das ließ einige Großkonzerne ihre Politik gegenüber dem ANC überdenken. *Gold Fields*, einer der
wichtigsten Goldförderer im Land, finanzierte sogar Geheimtreffen in Großbritannien von burischen Intellektuellen und
ANC-Politikern, darunter dem Bruder des späteren Präsidenten, Wimpie de Klerk, und Thabo Mbeki.

Die wichtigsten Verbündeten Südafrikas, Großbritannien und
die USA, rückten ebenfalls langsam von Pretoria ab. Unter dem
Druck von Anti-Apartheidaktivisten verhängte der amerikanische Kongress Sanktionen, selbst die britische Premierministerin
Margaret Thatcher, die den ANC 1987 noch als «typische terro-
ristische Organisation» bezeichnete, geriet mit ihrer pro-buri-
schen Politik in die Defensive. Sportsanktionen, insbesondere
gegen internationale Rugby- und Cricket-Wettkämpfe, machten
auch einfachen Buren klar, wie isoliert ihr Land mittlerweile war.
Dazu kam die schwere Krise der Sowjetunion. Einerseits verlor
der ANC damit seinen wichtigsten Verbündeten und Hauptwaf-
fenlieferanten. Andererseits schwächte die Ost-West-Entspan-

nung Pretorias Argument, als antikommunistisches Bollwerk im südlichen Afrika die uneingeschränkte Unterstützung Londons und Washingtons zu verdienen. Gleichzeitig lief der Krieg Südafrikas in Angola gegen die marxistische Widerstandsbewegung und ihre kubanischen Verbündeten nicht gut. In der Regierung erkannten einige, dass nur eine irgendwie geartete Vereinbarung mit dem ANC einen Ausweg aus dieser verfahrenen Lage bot.

Der Weg zu offiziellen Kontakten zwischen Regierung und ANC war schwierig, Tabus mussten gebrochen werden. Pretoria schwankte angesichts der blutigen Kämpfe mit dem schwarzen Widerstand zwischen Unterdrückung und Entgegenkommen. Mandela wurden zwei Dinge klar: Erstens galt es, den Absturz in einen Bürgerkrieg unter allen Umständen zu verhindern, zumal er für den ANC nicht zu gewinnen war, zweitens musste er der Regierung eine Brücke bauen zu Übereinkünften mit dem ANC. Dass er dabei nicht auf völlig taube Ohren stoßen würde, zeigte sich, als Justizminister Coetsee ihn nach einer Prostataoperation im Krankenhaus wie einen alten Freund besuchte. Nach seiner Genesung brachte man Mandela nach Pollsmoor zurück, allerdings in einen eigenen Trakt ohne Kontakt zu seinen Mithäftlingen. Eine langjährige Freundin fand nach einem Besuch, dass er auf einen neuen Höhepunkt seiner politischen Entwicklung zusteuerte und bereit war, allein größte Verantwortung zu übernehmen. Tatsächlich erkannte Mandela die Chance seiner Isolation. Da sich Nationale Partei und ANC hasserfüllt gegenüberstanden und Gespräche als Zeichen von Schwäche und Verrat betrachteten, mussten sie im Geheimen beginnen. Nur so erhielten beide Seiten Spielraum, auszuloten, ob konkrete Verhandlungen möglich waren. Mandela glaubte, der Feind beginne zu spüren, «daß er auf der falschen Seite der Geschichte stand». Er war bereit, den ersten Schritt zu tun. «Ich beschloss, niemanden darüber zu informieren», schrieb er später. «Es gibt Zeiten, in denen ein Führer der Herde vorangehen und sich in eine neue Richtung bewegen muß.» Das war eine riskante Strategie, denn Mandela war über die Parallelgespräche Mbekis in Großbritannien nicht im Bilde und stimmte sich weder mit Tambo noch anderen ANC-Führern ab. Auch musste ihm klar sein, dass die Regierung ein Doppelspiel mit ihm trieb. Aber seine Strategie ging letzten Endes auf und begründete mehr als alles andere seinen Ruf als mutiger Friedensstifter.

Endspiele

Zweimal schrieb Mandela an Coetsee und schlug Gespräche über Gespräche vor, zweimal bekam er keine Antwort. Aber es gab zumindest positive Signale: Die Regierung hob den Ausnahmezustand auf und schaffte die verhassten Passgesetze ab. Auch konnte sich eine hochrangige Delegation des Commonwealth mit Mandela treffen, der für die Gelegenheit einen maßgeschneiderten dreiteiligen Nadelstreifenanzug erhielt. Ihre Mitglieder waren überaus beeindruckt von seiner klaren Lageanalyse und seiner natürlichen Autorität und setzten sich bei der Regierung für die Aufnahme von Verhandlungen mit dem ANC ein. Aber Botha lenkte nicht ein, sondern entschloss sich zur Totaloffensive. Er ließ MK-Stützpunkte in den Nachbarstaaten angreifen und verhängte erneut den Ausnahmezustand. Angesichts der Gewalteskalation drängte Mandela nochmals auf ein Treffen mit dem Justizminister. Diesmal erhielt er es sofort. Obwohl es in guter Atmosphäre verlief und Coetsee zu Kompromissen bereit schien, vergingen wieder Monate bis zum nächsten Kontakt. In der Zwischenzeit verdichteten sich allerdings die Anzeichen auf einen Wandel. Ein Wärter begann, mit Mandela Ausflüge nach Kapstadt und ins Umland zu machen, offenbar, um ihn auf ein Leben in Freiheit vorzubereiten. Niemand erkannte den weltberühmten Häftling dabei, das letzte Foto von ihm war 25 Jahre alt.

Im Laufe des Jahres 1987 traf sich Mandela wiederholt mit Coetsee, der schließlich private Gespräche mit einer kleinen Arbeitsgruppe vorschlug. Unter anderem sollte ihr ein Vertrauter Bothas, Geheimdienstchef Niel Barnard, angehören. Mandela setzte durch, dass er sich mit seinen Mithäftlingen beratschlagen durfte, danach stimmte er den Treffen zu. Tambo und die ANC-Führung waren besorgt über den Alleingang. Aber Mandela beruhigte sie, er werde die gemeinsame Politik nicht kompromittieren. Die insgesamt 47 Gespräche mit der Arbeitsgruppe begannen im Mai 1988 in einem noblen Offizierskasino des Gefängnisses, während derer Mandela daran festhielt, dass die Gewalt nicht vom ANC, sondern von der Regierung ausgehe. Vor allem versuchte er jedoch, Ängste bei seinen Gesprächspartnern vor den angeblichen kommunistischen Tendenzen des ANC abzubauen. Auch nach einer Machtübernahme werde der ANC die Rechte der weißen Minderheit wahren. «Südafrika gehört allen, die in diesem Land leben», sagte Mandela. «Wir wollen sie nicht ins Meer jagen.»

Persönlich durchlebte Mandela eine schwierige Zeit. Seit ihrer Rückkehr aus der Verbannung umgab sich Winnie mit dubiosen Freunden, hatte andere Männer, trank und neigte zu Wutausbrüchen. Sie trug Kampfanzüge und rief zur Gewalt auf. 1986 versprach sie: «Mit unseren Streichholzschachteln und unseren Halskrausen werden wir dieses Land befreien.» Halskrausen sind mit Benzin gefüllte Gummireifen, die man dem Opfer um Arme und Oberkörper stülpt und anzündet, sie kamen gegen vermeintliche Polizeiinformanten zum Einsatz. Angesichts des Zusammenbruchs der öffentlichen Ordnung in Soweto umgab sich Winnie seit 1987 mit jugendlichen Leibwächtern, die sich *Mandela United Football Club* (MUFC) nannten. Sie gerieten in Straßenkämpfe, am Ende brannte eine rivalisierende Gruppe Mandelas Heim in Soweto mit vielen persönlichen Erinnerungsstücken nieder. Winnie zog mit ihrer Miliz in ein komfortables Haus, das ihr ein amerikanischer Freund finanzierte, und baute dort eine «Terrorherrschaft» auf. Zwei junge Männer, die Winnie der Spionage verdächtigte, verschwanden auf Nimmerwiedersehen. Den 14-jährigen Stompie Seipei ließ sie Anfang 1989 vom Mandela-Club unter dem Vorwurf der Kollaboration mit der Polizei in ihrem Haus foltern. Kurz darauf fand man seine Leiche mit Stichen im Nacken. Zum Prozess kam es erst 1991, wahrscheinlich weil die Regierung die Gespräche mit Mandela in den beiden Jahren davor nicht durch ein Verfahren gegen seine Frau belasten wollte. Winnie wurde zu sechs Jahren Gefängnis wegen ihrer Rolle in Entführungen und Misshandlungen verurteilt, legte aber Berufung ein. Am

Ende erhielt sie zwei Jahre auf Bewährung und eine Geldstrafe. Die *Wahrheits- und Versöhnungskommission* konstatierte 1998 die Verstrickung Winnies und von Mitgliedern ihrer Miliz in mehr als ein Dutzend Morde und Mordversuche: «Die Kommission stellt fest, dass alle, die sich Madikizela-Mandela und dem MUFC widersetzten oder von ihrer Meinung abwichen, als Informanten gebrandmarkt, gejagt und ermordet wurden.»

Mandela gestand zwar ein, seine Frau habe mangelnde Urteilskraft an den Tag gelegt. Aber er betrachtete die Berichte als eine Schmierenkampagne der Polizei und regierungsnaher Medien mit dem Ziel, den ANC zu spalten, und hielt bedingungslos zu ihr. Er intervenierte sogar persönlich, als eine wütende Winnie eine Entlastungszeugin, die bei ihr wohnte, mit vorgehaltener Waffe aus ihrem Haus warf. Eine Journalistin versuchte er mit der Aussicht auf einen Medien-Job beim ANC von einer Berichterstattung darüber abzuhalten. Als ein Verhältnis Winnies mit ihrem Stellvertreter in der ANC-Abteilung für Sozialarbeit öffentlich wurde und sie mit ihm zwei Luxusreisen in die USA unternahm, zog Mandela aus dem gemeinsamen Haus in Soweto aus. Im April 1991 gab er auf einer Pressekonferenz die Trennung von seiner Frau – die er nur als «Genossin Nomzamo» ansprach – bekannt. Aber noch in seinen Memoiren attestierte er ihr 1994 vollkommene Unschuld, obwohl der Richter sie im Prozess eine «vorsätzliche und schamlose Lügnerin» genannt hatte. Mandelas ausgeprägte Fähigkeit zur Selbstkritik und objektiven Lageeinschätzung versagte, wenn es um Winnie ging. Dass auch der ANC sie verteidigte und ihr nach der Verurteilung eine neue Karriere als Chefin des mächtigen Frauenverbands, als Parlamentsabgeordnete und Mitglied des Exekutivkomitees ermöglichte, offenbarte, wie stark ihr Rückhalt bei der Parteibasis weiterhin war.

Winnies Kabalen liefen parallel zu den Gesprächen Mandelas mit der Regierung, die aber nicht vom Fleck kamen. Das Zögern Pretorias, auf seine Vorschläge einzugehen, hing auch mit dem Versuch der Regierung zusammen, Zulu-Führer Buthelezi und seine Inkatha-Partei zu Rivalen Mandelas und des ANC aufzubauen. Buthelezi erhielt unbeschränkten Zugang zu den

Medien und durfte frei reisen. Auch viele Konservative im Ausland unterstützten ihn. 1988 musste Botha jedoch einsehen, dass sich Buthelezi seiner Strategie, moderate Schwarze in die Regierung einzubinden, verweigerte und es ohne Mandela kein Ende des Konflikts geben würde. Der war die Personifizierung des Widerstands gegen die Apartheid, national wie international, und ein Weltstar. Ein Konzert zu Ehren seines 70. Geburtstags am 11. Juni 1988 im Londoner Wembley-Stadion sahen 72 000 Besucher und 600 Millionen Fernsehzuschauer in 60 Ländern. Als Mandela im August an Tuberkulose erkrankte, ließ die Regierung ihn zunächst ins Krankenhaus der Universität Stellenbosch bringen, dann zur Genesung in die luxuriöse Constantiaberg-Klinik, die zuvor noch nie einen schwarzen Patienten aufgenommen hatte. Dort setzte er die Treffen mit der geheimen Arbeitsgruppe fort. Vier Monate später verlegte man ihn ins Victor-Verster-Gefängnis bei Paarl, 50 Kilometer nordöstlich von Kapstadt, wo er einen Bungalow mit Swimmingpool und eigenem Koch bezog. Noch nie in seinem Leben hatte er so geräumig gewohnt. Justizminister Coetsee begrüßte ihn freundlich und teilte ihm mit, dies sei sein letztes Zuhause vor der Freiheit.

Im Januar 1989 schickte Mandela ein Memorandum an Botha, in dem er zu den drei Vorbedingungen der Regierung für Verhandlungen mit dem ANC – Verzicht auf Gewalt, Bruch mit der KP und Abrücken von der Forderung nach allgemeinen Wahlen – Stellung nahm. Alle drei wies Mandela zurück, erklärte sich aber bereit, die Sorgen des weißen Südafrika vor einer Dominanz der Schwarzen zu diskutieren. Einige im ANC verfolgten Mandelas diplomatischen Alleingang mit Misstrauen, aber Tambo hielt bei aller Besorgnis zu ihm. Seit April konnten die beiden auch codierte Nachrichten per Telefon austauschen. Am 5. Juli kam es zum Treffen mit Botha, auf das Mandela zwei Jahre hingearbeitet hatte. In einem neuen Maßanzug wurde er ins Tuynhuys, zum offiziellen Präsidentenbüro, gefahren. Dort begegnete ihm Botha, der mit äußerster Härte gegen den schwarzen Widerstand vorgegangen war und sich den Ruf eines schroffen, starrsinnigen Politikers erworben hatte, höflich und respektvoll. Zwar führte das Gespräch zu keinem Ergebnis, aber in anderer Hinsicht war es ein Durchbruch: Erstmals hatte ein südafrikanischer Präsident mit einem ANC-Führer zusammengesessen.

Einen Monat später trat Botha zurück, mitgenommen von einem Schlaganfall und politisch geschwächt nach einer Konfrontation mit seinem Kabinett. Sein Nachfolger wurde Erziehungsminister de Klerk, der zu Jahresbeginn schon den Parteivorsitz übernommen hatte. Obwohl er als Betonkopf galt, erwies er sich rasch als Pragmatiker. Die Apartheid schien ihm weniger unmoralisch als undurchführbar, und er wusste, dass er Mandela für die Lösung seiner Probleme brauchte. Als die NP bei den Wahlen im September 1989 viele Stimmen an die rechte und liberale Opposition verlor, erhöhte de Klerk das Reformtempo. Er schaffte viele Maßnahmen der ‹kleinen Apartheid› ab, etwa die getrennten Strände, Parks und Restaurants. Am 10. Oktober gab die Regierung bekannt, acht ANC-Führer, darunter Sisulu und Kathrada, bedingungslos freizulassen. Mandela war nun der letzte wichtige politische Häftling, was seine Sonderstellung und Autorität weiter stärkte. Er bot dem Präsidenten Gespräche an, der aber zögerte, weil er erst die Hardliner in seinem Kabinett überzeugen musste. Der Fall der Berliner Mauer erleichterte diese Aufgabe. De Klerk verstand ihn als «Gottes Fingerzeig», wie er seinem Bruder anvertraute. «Wir mussten die Gelegenheit ergreifen. Das Risiko, dass der ANC als trojanisches Pferd für eine Supermacht [die Sowjetunion] dienen würde, hatte sich drastisch verringert.»

Am 13. Dezember 1989, ein halbes Jahr nach dem Treffen mit Botha, brachte man Mandela ins Tuynhuys zu dessen Nachfolger. In entspannter Atmosphäre erklärte de Klerk, es gehe ihm darum, die Ängste der Weißen vor einer Machtübernahme der Schwarzen zu zerstreuen. Mandela sagte ihm seine Hilfe zu, wiederholte aber seine Ablehnung von Sonderrechten für einzelne Gruppen und verlangte ein Ende des ANC-Verbots. Zwar prallte sein Charme, mit dem er so viele Weiße zu bezirzen wusste, an de Klerk ab, aber Mandela gewann den Eindruck, man könne mit ihm Geschäfte machen. Er täuschte sich nicht.

Mandela und seine Frau
Winnie unmittelbar nach
der Freilassung aus dem
Victor-Verster-Gefängnis

Am 2. Februar 1990 verkündete der Präsident in seiner Rede
zur Parlamentseröffnung den überraschten Zuhörern, alle verbotenen politischen Organisationen, darunter ANC und KP,
würden legalisiert und Mandela bedingungslos freigelassen. In
wenigen Minuten demontierte de Klerk Eckpfeiler von drei
Jahrzehnten Apartheid-Politik. Mandela hatte gesiegt.

Eine Woche später ließ ihn de Klerk erneut in sein Büro kommen, um ihm mitzuteilen, er werde am nächsten Tag nach Johannesburg geflogen und entlassen. Aber Mandela wollte selbst
bestimmen, wie seine Haft nach 27 Jahren endete. Am 11. Februar um 16.00 Uhr war es soweit: Hand in Hand mit Winnie,
die mit Sisulu und anderen ANC-Aktivisten in zwei Charterma-
schinen aus Johannesburg eingeflogen war, schritt er durch das
Tor des Victor-Verster-Gefängnisses. Als er die hunderte von
Fotografen, Kameras und Reporter sowie tausende Sympathisanten erblickte, wurde ihm klar, dass er nicht gründlich genug
vorbereitet war auf das, was ihn erwartete. Mandela war 1963
als mäßig bekannter Widerstandskämpfer ins Gefängnis gegangen, aber die Haft hatte ihn zu einer der bekanntesten Figuren
des ausgehenden 20. Jahrhunderts gemacht. Die Welt wusste
jedoch nicht, wer da aus dem Gefängnis kam. Nur ein paar
Anwälte und Besucher hatten Mandela in den letzten 25 Jahren
zu Gesicht bekommen, das erste offizielle Bild von ihm seit
dem Rivonia-Prozess war zwei Tage zuvor veröffentlicht wor-

den. Auch seine politischen Ansichten waren allein ein paar Insidern bekannt. In einer Autokolonne fuhr man ihn nach Kapstadt, wo er in der Dämmerung vom Balkon des Rathauses seine erste öffentliche Rede seit 1963 hielt. Viele empfanden sie als Enttäuschung, nicht nur wegen des ausdruckslosen Vortrags, sondern auch wegen des kompromisslosen und kämpferischen Tons. Ein ANC-Ausschuss hatte sie für ihn geschrieben, und Mandela hatte als treuer Diener der Partei daran fast nichts geändert. Allerdings konnte er so den schwarzen Widerstand hinter sich bringen und den Druck auf die Regierung aufrechterhalten.

Schon bei der Pressekonferenz im Kapstädter Anwesen von Erzbischof Tutu am darauffolgenden Morgen gab er sich versöhnlicher und nannte de Klerk «einen Mann von Integrität». Ein paar Tage später sprach Mandela vor 120 000 Anhängern im Soccer City-Stadion von Soweto, wo er mehr wie «ein Pädagoge als ein Demagoge» (Sampson) auftrat. Er zeigte keine Bitterkeit und hatte alle Arroganz abgelegt, war humorvoller und lockerer geworden. Im nächsten halben Jahr war er mehr im Ausland als zu Hause, traf alte ANC-Gefährten in Sambia, Mugabe in Simbabwe, Sam Nujoma in Namibia, besuchte Algerien und Großbritannien, wo ihn im Wembley-Stadion 75 000 junge Leute bei einem Pop-Konzert feierten, das eine Milliarde Zuschauer in der ganzen Welt mitverfolgten. Danach standen unter anderem ein Besuch beim französischen Staatspräsidenten Mitterrand, eine Audienz beim Papst und eine USA-Reise auf dem Programm. Mandela sprach vor der UNO, unterhielt sich mit Präsident Bush, der ihm als erstes Staatsoberhaupt nach der Freilassung gratuliert hatte, und genoss das Privileg, eine Rede vor beiden Häusern des amerikanischen Kongresses halten zu dürfen. Auf dem Rückweg nach Südafrika traf er die britische Premierministerin Thatcher. Es folgte eine Asientour mit Stationen in Indien, Indonesien, Malaysia, Australien und Japan. Überall drängte Mandela auf eine Fortsetzung der Sanktionen gegen Südafrika. Er wurde gefeiert, als ob er bereits Präsident seines Landes sei.

In Südafrika kamen sich Regierung und ANC nur langsam

näher. Vereinbarte Gespräche wurden abgesetzt, als die Polizei
bei Kämpfen mit ANC-Demonstranten zwölf Schwarze erschoss und hunderte verwundete. Erst am 2. Mai 1990 trafen
sich die Delegationen unter Führung de Klerks und Mandelas in
Kapstadt zu dreitägigen Gesprächen. Die Stimmung war ausge-
sprochen gut, historische Feinde erklärten, sie hätten sich schon
früher zusammensetzen sollen. Für Mandela bedeutete der Dialog «ein Ende des Herr-Knecht-Verhältnisses, das die Beziehungen von Schwarzen und Weißen in Südafrika charakterisiert
hatte». Am Ende verpflichteten sich beide Seiten zu einem friedlichen Verhandlungsweg, die Regierung sagte zu, den Notstand
aufzuheben. Nach der nächsten Gesprächsrunde drei Monate
später verkündete Mandela mit sofortiger Wirkung das Ende
aller bewaffneten Aktivitäten. Das war eine Idee von Slovo gewesen, die de Klerk gegen Kritik aus den eigenen Reihen absi-
chern sollte. Mandela ging darauf ein, wohlwissend, dass der
MK ohnehin nicht mehr sehr schlagkräftig war. Im Gegenzug
sicherte de Klerk die Freilassung politischer Gefangener und
Straffreiheit für zurückkehrende Exilanten zu. Trotz aller Fortschritte und der freundlichen Atmosphäre suchten beide Seiten,
ihre Verhandlungsposition durch jedes erdenkliche Mittel zu
verbessern. Die Regierung hoffte nach wie vor, den ANC durch
eine Unterstützung Buthelezis schwächen, die Farbigen für sich
gewinnen und einen Keil zwischen ANC und KP treiben zu können. Der ANC unterhielt weiterhin bewaffnete Untergrundkräf-
te als Rückversicherung bei einem Scheitern der Verhandlungen. Begleitet wurde das alles von Gewaltausbrüchen zwischen
ANC- und Inkatha-Anhängern, allein im Jahr nach Mandelas
Freilassung starben 2000 Menschen, die meisten davon in der
östlichen Provinz Natal.

Mandela hatte alle Hände voll zu tun, die militanteren Kräfte
in seiner Organisation auf seinen Kurs des Ausgleichs einzu-
schwören. Einmal musste er nach Robben Island fahren, um
25 MK-Häftlinge zu überzeugen, die von der Regierung ange-
botene Amnestie zu akzeptieren. Auch wenn einige glaubten,
Mandela sei im Gefängnis zahm geworden und verbringe mehr
Zeit mit den Führern der Nationalen Partei als mit den eige-

nen Leuten, blieb seine Stellung im ANC unangefochten. Anfang Juli 1991 übernahm er als Nachfolger des von einem Schlaganfall gezeichneten Tambo das Präsidentenamt der Organisation.

Aber Mandela zeigte auch Schwächen. Oft widersprach er sich selbst, etwa in Fragen, wie die Regierung auf die Gewalt in den Townships reagieren solle oder welches Wirtschaftssystem der ANC anstrebe. Erst auf dem Weltwirtschaftsforum in Davos im Februar 1992 trennte sich Mandela von seinen Verstaatlichungsideen, als ihm westliche Konzernchefs klarmachten, welches Hemmnis sie für Investitionen darstellten, und ihm Vertreter Chinas und Vietnams berichteten, wie wichtig die Privatwirtschaft für den Aufstieg ihrer Länder war. Südafrikas *Big Business* jubilierte und unterstützte später Mandelas Wahlkampf mit hohen Beträgen. Es dauerte mehr als ein Jahr, bis sich der ANC mit diesem Kurswechsel arrangierte. Einige Mitglieder beschuldigten Mandela jedoch, alte Prinzipien zu verraten.

Durchbruch

Zu formalen Verhandlungen über die Zukunft Südafrikas kam es erst nach dem Abschluss eines Nationalen Friedensabkommens am 14. September 1991, das Vertreter fast aller politischen Gruppen im Land erarbeitet hatten. Es forderte die Parteien auf, aktiv zu einem Klima demokratischer Toleranz beizutragen. Dies war dringlich, starben in den Kämpfen zwischen Inkatha und ANC doch weit mehr Menschen als in den dunkelsten Tagen der Apartheid-Repression. Mandela war sich sicher, dass es eine «Dritte Kraft» in den Sicherheitsdiensten gab, die durch die Aufrüstung der Inkatha den ANC schwächen und als regierungsunfähig darstellen wollte. De Klerk warf er vor, dies nicht zu unterbinden. Immer wieder bedrängte ihn Mandela, die Verantwortlichen zur Rechenschaft zu ziehen. Aber der Präsident zögerte. Erst als die Presse Mandelas Verschwörungsverdacht bestätigte, reagierte er und entließ Polizei- und Verteidigungsminister. Ein Ausschuss unter Richter Richard Goldstone und die Wahrheitskommission deckten später auf, dass einige Mitglieder der Sicherheitspolizei und der Armee Buthelezis paramilitärische Verbände ausgebildet, bewaffnet und zum Angriff auf ANC-Anhänger ermutigt hatten. Mandela vergab de Klerk nie, was er als unverzeihlich betrachtete: Den Tod von Schwarzen zu akzeptieren, um politisches Kapital daraus zu schlagen.

In dieser angespannten Lage kamen am 20. Dezember 1991 228 Delegierte von 19 politischen Parteien zur *Versammlung für ein Demokratisches Südafrika* (Codesa) zusammen, um eine Übergangsverfassung zu erarbeiten. Allerdings war klar, dass die Hauptverhandlungspartner der ANC und die Regierung, genauer: Mandela und de Klerk, sein würden. Schon am ersten Tag gerieten beide aneinander. Der Präsident griff den ANC scharf wegen dessen nicht eingehaltener Verpflichtung an, den MK abzurüsten. Mandela, sonst ein Inbild von Disziplin und Selbstbeherrschung, war außer sich. Er nannte de Klerk vor laufenden Kameras den Kopf «einer illegitimen, diskreditierten Minderheitsregierung», warf ihm «doppeltes Spiel» vor und bezweifelte seine Eignung als Regierungschef. Der ganze angestaute Frust brach sich Bahn, so hatte noch nie ein Schwarzer einen weißen Präsidenten Südafrikas öffentlich abgekanzelt. Aber Mandela fing sich wieder und erklärte sich zur weiteren Zusammenarbeit bereit. Auch bei den eigenen Leuten drohte de Klerk Ungemach. Nach einer Niederlage der NP bei einer Nachwahl gegen die Konservative Partei suchte er einen Befreiungsschlag. Er ließ die Bürger darüber abstimmen, ob er über eine neue Verfassung verhandeln solle, und gewann mit 69 Prozent überzeugend.

Mandela sah den so gestärkten Präsidenten erst am 15. Mai 1992 zur zweiten Codesa-Vollversammlung wieder. Nach wie vor hoffte der, den Weißen im neuen Südafrika mit dem Argument des Minderheitenschutzes eine Vetoposition zu sichern oder zumindest dauerhafte Mitsprache durch eine Zwangskoalition und eine rotierende Präsidentschaft zu verschaffen. Mandela betrachtete dies als Versuch, auch nach einer Wahlniederlage an der Macht beteiligt zu bleiben. Er verstand erst langsam, dass de Klerk mit seiner Freilassung nicht die Unausweichlichkeit schwarzer Herrschaft hinnahm, sondern sie als Auftakt eines harten Ringens um Macht und Einfluss begriff. Der Präsident seinerseits erkannte nicht, wie sehr die politische Dynamik gegen ihn arbeitete. Als es im Juni zu einem weiteren Massaker von Inkatha-Gangs an ANC-Anhängern kam, verdächtigte Mandela weiße Sicherheitskräfte – zu Recht – der Beihilfe und brach die Verhandlungen ab. Mit einem Generalstreik Anfang August erhöhte der ANC den Druck auf de Klerk. Mandela zog an der Spitze von 50 000 Anhängern zum Regierungssitz in Pretoria. Radikale Kräfte dehnten die Kampagne auf die Homelands aus und organisierten einen Marsch auf Bisho, die Hauptstadt der Ciskei. Er endete in einem Blutbad, als Soldaten der Ciskei, kommandiert von weißen Offizieren, 28 Demonstranten erschossen. Der Vorfall diskreditierte die Radikalen im ANC, aber auch de Klerk. Dessen Regierung wurde ohnehin immer schwächer: Minister traten nach Skandalen zurück, die Wirtschaftskrise verschärfte sich, Buthelezi erwies sich als unberechenbarer Partner.

Mandela konnte deshalb bei einem Treffen mit de Klerk am 26. September 1992 aus einer Position der Stärke verhandeln. Er wusste, dass de Klerk «uns mehr brauchte, als wir ihn brauchten, er brauchte verzweifelt diesen Gipfel». Mandela nutzte dies eiskalt aus. «Sie wissen, dass Sie am Ende einlenken müssen», sagte er de Klerk, «weil wenn Sie das nicht tun, werden wir Sie demütigen. Und ich werde dafür sorgen, dass dies geschieht.» Der Präsident musste erstens zustimmen, die Aktivitäten der Inkatha-Gangs zu erschweren, und so mit Buthelezi brechen, und zweitens eine verfassungsgebende Versammlung ohne Sonderrechte für Minderheiten akzeptieren. Damit hatte de Klerk seine wichtigsten Verhandlungsziele aufgegeben und der Weg für demokratische Wahlen war frei. Im Gegenzug offerierte Mandela auf Slovos Anregung zwei Monate später eine *Sonnenuntergangsklausel*. Sie gewährte Sicherheitsoffizieren Amnestie, schützte die Arbeitsverträge und Pensionen weißer Beamter und bot der NP eine zeitlich begrenzte Regierungsbeteiligung an. Damit lagen die Eckpunkte für einen Kompromiss auf dem Tisch. Zwei Geheimtreffen in einer Jagdhütte im Busch brachten den Durchbruch. Im Februar 1993 gaben beide Seiten bekannt, allgemeine Wahlen abzuhalten und eine fünfjährige Regierung der Nationalen Einheit zu bilden. Jetzt waren nur mehr Detailfragen offen. Die Verhandlungen wurden indes noch einmal ernsthaft gefährdet, als ein weißer Ultranationalist am 10. April den populären schwarzen Generalsekretär der KP, Chris Hani, erschoss. Es kam zu Unruhen und Plünderungen, bei denen 70 Menschen starben, aber Mandela gelang es, mit einer staatsmännischen Rede live im Fernsehen Schlimmeres zu verhindern. Da de Klerk die ganze Zeit über schwieg, erschien er bereits wie der starke Mann Südafrikas.

Mandela manövrierte den Präsidenten nun in eine Falle. Angesichts dessen Schwäche für internationale Ehren machte er ihm klar, er werde die US-Freiheitsmedaille mit ihm nur entgegennehmen, wenn de Klerk einen fixen Wahltermin akzeptiere. Das tat er, obwohl die Übergangsverfassung noch nicht stand. Daraus resultierte ein immenser Zeitdruck, der de Klerk nötigte, allem zuzustimmen, was ihm Mandela anbot. Je näher die Einigung rückte, desto brutaler gebärdeten sich Extremisten auf beiden Seiten. 3000 reaktionäre Buren rotteten sich am 27. Juni am Verhandlungsort zusammen und brachen mit einem Panzerwagen durch die Eingangstüren. Einen Monat später stürmten Mitglieder des militärischen Arms des PAC eine Kirche in Kapstadt und erschossen elf Weiße. Diese Zwischenfälle konnten die Unterzeichnung der Übergangsverfassung am 18. November 1993 jedoch nicht verhindern. Stunden zuvor hatte Mandela den Präsidenten gezwungen, auch seine letzte Forderung nach einer Supermehrheit bei Kabinettsabstimmungen fallenzulassen.

Obwohl Mandela als Sieger aus dem Machtpoker mit de Klerk hervorging, bedurfte es doch des Zusammenspiels beider, die «verhandelte Revolution» (Patti Waldmeir) der südafrikanischen Verhältnisse zu erreichen. De Klerks Verdienst war es, die Gespräche mit dem ANC nicht nur begonnen, sondern auch zu Ende geführt und die schmerzlichen Kompromisse gegenüber den Hardlinern in seiner eigenen Partei durchgesetzt zu haben; dabei zeigte er Mut und Risikobereitschaft. Mandela erwies sich als gewiefter Verhandler und meisterhafter Stratege, sowohl gegenüber der NP als auch gegenüber den radikalen Kräften im ANC. Die historische Leistung der beiden ist umso erstaunlicher, als ihr persönliches Verhältnis zerrüttet war. Selbst bei einem Empfang bei Präsident Clinton musste man sie durch unterschiedliche Eingänge ins Weiße Haus führen, damit sie sich auf dem Weg nicht begegneten. Beide wussten jedoch, dass sie aufeinander angewiesen waren, um einen Absturz des Landes in die Gewalt zu verhindern. «Mein schlimmster Albtraum ist es», sagte Mandela kurz vor Unterzeichnung der Übergangsverfassung, «dass ich eines Nachts aufwache und de Klerk ist nicht da. Ich brauche ihn. Ob ich ihn mag oder nicht, ist irrelevant, ich brauche ihn.» Am 10. Dezember 1993 bekamen beide in Oslo den Friedensnobelpreis verliehen. Aber die Zeremonie verlief wenig harmonisch. De Klerk entschuldigte sich in seiner Ansprache nicht persönlich für die Apartheid, Mandela warf ihm kurz darauf vor, in die Gewalt gegen den ANC verstrickt zu sein. Die Feindseligkeiten boten einen Vorgeschmack darauf, wie schwierig die Aussöhnung zwischen Schwarz und Weiß in Südafrika sein würde.

8. Der Präsident

Der Wahlkampf begann Mitte Februar 1994. Der ANC schnitt ihn ganz auf Mandela zu. Bis zu vier Mal am Tag trat der 75-Jährige vor sogenannten Volksforen auf, um sich die Sorgen der Basis anzuhören. Mandela war kein fesselnder Redner, wirkte aber wie verwandelt, wenn er mit Menschen direkt in Kontakt kam. Er konnte sich auf jedes Publikum einstellen, auf arme schwarze Township-Bewohner wie auf weiße Geschäftsleute. Mandela versprach ein gigantisches Regierungsprogramm, das Arbeitsplätze schaffen, Häuser errichten, Schulen und Kliniken besser ausstatten und Strom und Wasser in die Townships und ländlichen Siedlungen bringen sollte. Gleichzeitig versuchte er, die beiden Wahlverweigerer zu einer Teilnahme zu bewegen: die rechte Afrikaaner Volksfront und Buthelezis Inkatha. Am Tag des offiziellen Wahlkampfbeginns besuchte Mandela Ex-Präsident Botha an seinem Ruhesitz im Ferienort Wilderness, ohne ihn jedoch zu einem Einwirken auf die radikalen Buren bewegen zu können. Dagegen versprach ihm General Meiring, der Chef der südafrikanischen Streitkräfte, auch unter einer ANC-Regierung zu dienen und gegen jeden Versuch der Wahlstörung vorzugehen.

Unumstrittener Führer der Volksfront war Meirings Vorgänger, General Constand Viljoen. Er war aus dem Ruhestand zurückgekehrt, um die Buren vor der «gottlosen Allianz» Mandelas und de Klerks zu retten, spielte ganz offen mit sezessionistischen Ideen und baute paramilitärische Einheiten auf. Mandela wusste, dass er Viljoen in den politischen Prozess integrieren musste, wollte er die Gefahr einer bewaffneten Revolte bannen. Die Behandlung des Generals zeigte besser als jedes andere Beispiel Mandelas Meisterschaft, selbst mit Erzfeinden zivile Beziehungen herzustellen, ohne in der Sache nachzugeben. Er lud ihn und sein Führungsteam zu einem Geheimtreffen zu sich nach Hause ein, empfing sie mit ausgestreckter Hand und seinem strahlenden Lächeln, bot Viljoen den Platz neben sich und goss ihm eine Tasse Tee ein. Er sagte, die Buren hätten ihm und seinem Volk viel angetan, aber er respektiere sie für ihre Geradlinigkeit und Menschlichkeit. Dann tat Mandela etwas, worauf er sich in den langen Jahren der Haft systematisch vorbereitet und was er an den Wärtern ausprobiert und perfektioniert hatte: Er erläuterte dem General die Parallelen in der Geschichte der Schwarzen und der Buren und wies insbesondere auf ihre jeweiligen Freiheitskriege hin. Dabei sprach Mandela als Zeichen des Respekts Afrikaans, das er auf Robben Island gelernt hatte. Viljoen war beeindruckt, machte aber klar, er könne den friedlichen Übergang zur Herrschaft der Schwarzen militärisch verhindern. Mandela antwortete:

Ich weiß, dass Sie über gut bewaffnete, gut trainierte, starke militärische Kräfte verfügen, die weitaus mächtiger sind als die unsrigen. Auf militärischer Ebene können wir Sie nicht schlagen, wir können nicht gewinnen. Aber wenn Sie in den Krieg ziehen, können Sie auf lange Sicht gesehen auch nicht gewinnen. Denn erstens steht die internationale Gemeinschaft eindeutig hinter uns. Und zweitens sind wir zu viele, Sie können nicht alle von uns töten. Und was wäre das für eine Art von Leben für Ihre Leute? Meine Leute werden in den Busch gehen, der internationale Druck auf Sie wäre enorm, und dieses Land wäre für alle die Hölle auf Erden. Ist es das, was Sie wollen? Nein, General, wenn wir in den Krieg ziehen, gäbe es keinen Sieger.

«Das ist richtig», erwiderte Viljoen. «Es kann keinen Sieger geben.» Der General stimmte zu, Geheimverhandlungen mit dem ANC über die Schaffung eines eigenen Burenstaats aufzunehmen. Dabei wurde schnell deutlich, wie wenig realistisch die Vorstellungen der Volksfront waren. Letztlich ruinierten sich die Rechten selbst, als sie dem korrupten Diktator des Homelands Bophuthatswana bei einer Rebellion seiner Untertanen bewaffnet zu Hilfe eilten. Einige extremistische Weiße nutzten dies zu Gewaltexzessen gegen Schwarze, woraufhin die Armee des Homelands sich gegen sie wendete. Die Buren mussten fliehen, ein schwarzer Polizist liquidierte zwei verwundete Weiße vor laufender Kamera. Auf Druck Mandelas ließ General Meiring den Diktator von den südafrikanischen Streitkräften aus dem Amt treiben und demonstrierte so seine Loyalität zum Staat.

Angesichts dieses Fiaskos und der klaren Machtverhältnisse kehrte Viljoen der Volksfront den Rücken und stimmte zu, mit einer eigenen Partei bei den Wahlen anzutreten. Später nannte er den ausschlaggebenden Grund für seinen Sinneswandel: «Der Charakter des Gegners – ob man ihm vertrauen kann, ob man glaubt, dass er wirklich den Frieden will. Wichtig ist ... der Charakter derjenigen, die dir am Tisch gegenübersitzen, und Klarheit darüber, ob sie die Unterstützung ihrer Leute haben. Mandela hatte beides.» Schließlich erreichte Mandela durch die Hofierung Buthelezis und einige Konzessionen in der Föderalismusfrage, dass auch er eine Woche vor dem Wahltermin seinen hartnäckigen Widerstand aufgab und sich zur Teilnahme an den Wahlen bereiterklärte. Den Höhepunkt des Wahlkampfs bildete ein Fernsehduell zwischen Mandela und de Klerk. Obwohl der Präsident in der Diskussion durch seine ruhige, rationale Art Punkte sammeln konnte, gewann Mandela an Sympathie, als er ihm nach scharfen Attacken am Ende überraschend die Hand entgegenstreckte und sagte: «Ich bin stolz, Ihre Hand zu halten und gemeinsam voranzugehen.»

Die Wahlen fanden vom 26. bis zum 29. April 1994 statt. Wegen zum Teil chaotischer Bedingungen bildeten sich lange Schlangen vor Stimmlokalen in den Townships. Die Schwarzen warteten aber geduldig, viele sagten Journalisten, die erste Wahl in ihrem Leben habe ihnen ihre Würde zurückgegeben. Erwartungsgemäß schnitt der ANC mit 62,6 Prozent am besten ab. Es folgten die NP mit 20,4 und die Inkatha mit 10,5 Prozent. Der ANC siegte auch in allen Provinzen, nur in KwaZulu errangen die Inkatha und im Westkap die NP absolute Mehrheiten. Es war ein Bilderbuchergebnis: Der ANC verfügte über keine verfassungsändernde Zweidrittelmehrheit, was Mandela gefiel, weil es die Radikalen in seiner Partei im Zaum hielt und Kompromisse mit anderen Parteien erzwang. Die Inkatha und die NP konnten eigene Provinzen regieren und mussten sich nicht als Verlierer fühlen. Viljoens Freiheitsfront gewann 2,2 Prozent und damit neun Sitze im Parlament. Der PAC war mit 1,2 Prozent politisch marginalisiert. Am 10. Mai legte Mandela vor dem *Union Building* in Pretoria vor 100 000 begeisterten Zuschauern seinen Amtseid ab. Damit endeten nicht allein 342 Jahre weißer Dominanz in Südafrika, seit Jan van Riebeek 1652 am Kap an Land gegangen war, sondern überhaupt die Geschichte weißer Herrschaft in Afrika. Das hohe internationale Ansehen Mandelas zeigte die Tatsache, dass zu seiner Amtseinführung die größte Zahl von Staats- und Regierungschefs seit dem Begräbnis John F. Kennedys zusammenkam.

Zum ersten Stellvertreter ernannte Mandela Thabo Mbeki, der nach 30 Jahren im Exil erst 1990 nach Südafrika zurückgekehrt war, zum zweiten de Klerk. Gegen den Willen der ANC-Führung hatte er zwei Nationalhymnen durchgesetzt, die erst-

mals nacheinander gesungen wurden: die *Nkosi Sikelel' iAfrika*
des ANC und die *Die Stem van Suid-Afrika* der NP. In seiner
Inaugurationsrede versprach Mandela: «Nie, nie, nie darf es
wieder geschehen, dass dieses schöne Land die Unterdrückung
des einen durch den anderen erfährt.»

Herausforderungen

Sein Kabinett besetzte Mandela mit vielen alten Vertrauten und
Freunden, die wichtigen Ministerien für Verteidigung und Polizei gingen trotz aller Proteste de Klerks an den ANC, Buthelezi
wurde Innenminister. Die Diskussionen im Kabinett waren trotz
der unterschiedlichen Herkunft und Sozialisation der Minister
recht pragmatisch, nur de Klerk stand unter dem Generalver-
dacht Mandelas, nicht treu zur Regierung zu stehen. Vor allen
Ministern warf ihm Mandela einmal sogar vor, «zu sprechen
wie ein weißer Mann zu einem schwarzen Mann» spricht. Die
Nationale Partei, die Südafrika 40 Jahre alleine regiert hatte,
wurde schwächer und schwächer, de Klerk war fast machtlos
im Kabinett. Als er sich bei der Diskussion der neuen Verfassung nicht mit seiner Forderung nach einer Zwangskoalition
durchsetzen konnte, verließ er im Mai 1996 die Regierung.

Einen großen Fehler beging Mandela damit, Winnie, mit der
er sonst keinerlei Kontakt mehr hatte, zur stellvertretenden
Kunstministerin zu berufen. Schon bald stand sie im Ruf des
Amtsmissbrauchs und der Bestechlichkeit, dazu kamen Finanz-
skandale und öffentliche Illoyalität. Aber wie in der Vergangenheit hielt Mandela zu ihr und erschien damit schwach und ohne
Entschlusskraft. Er übernahm alle ihre Gerichtskosten und unterstützte sie über vier Jahre mit einer dreiviertel Million Euro.
Erst nach einem Jahr, als Winnie mit ihren Eskapaden sein Ansehen schon deutlich beschädigt hatte, entließ er sie aus der Regierung. Auch anderen ANC-Spitzenpolitikern und Anti-Apartheid-Aktivisten, die sich als unfähig oder korrupt erwiesen,
hielt Mandela meist zu lange die Treue. Als das Parlament in einem seiner ersten Akte die Gehälter für den Präsidenten, die
Minister und die Abgeordneten massiv erhöhte und sogar Erz-

bischof Tutu dagegen protestierte, antwortete Mandela mit einer unangemessenen persönlichen Attacke auf den Friedensnobelpreisträger-Kollegen. Mandela geriet jedoch selbst in die Kritik, als er zugab, von dem in eine Bestechungsaffäre verwickelten Casino-Mogul Sol Kerzner heimlich eine Wahlkampfspende über 2 Millionen Rand, etwa 400 000 Euro, angenommen zu haben. Bei allen Korruptionsskandalen von ANC-Mitgliedern beharrte Mandela darauf, sie müssten hinter geschlossenen Türen untersucht und beigelegt werden. Wenn schwarze Journalisten über sie berichteten, tadelte er sie öffentlich, lediglich das schmutzige Geschäft weißer Zeitungsverleger zu betreiben. Wieder brach Mandelas Schwäche durch, die Loyalität zu Partei und Kampfgefährten über Prinzipien wie Kompetenz, Rechenschaftspflicht und Transparenz zu stellen. In solchen Fällen verhielt er sich weiniger wie der Präsident einer jungen Demokratie denn wie der Untergrundkämpfer, für den allein die Einigkeit der Organisation zählt.

Dabei waren die Aufgaben, die Mandela in seinem Amt erwarteten, enorm. Seit 1985 hatten die Kämpfe zwischen Inkatha und ANC 25 000 Tote gefordert. Mit 26 000 Morden 1994/95 war Südafrika das mit Abstand gewalttätigste Land der Welt. Es fiel der Regierung schwer, die Achtung vor dem Gesetz in den Townships wiederherzustellen, die das Apartheid-Regime und die Unregierbarkeits-Kampagne des ANC systematisch zerstört hatten. Zumindest ging die politische Gewalt in der am stärksten betroffenen Provinz Kwa-Zulu-Natal nach den Wahlen deutlich zurück. Aber die Schulen und die öffentlichen Dienstleistungen für Schwarze befanden sich in einem katastrophalen Zustand. Während weiße Südafrikaner beim Lebensstandard auf Platz 21 in der Welt und damit fast gleichauf mit Spanien lagen, belegten schwarze noch hinter Lesotho Rang 131. Von den 40 Millionen Einwohnern lebte gut die Hälfte – fast alle davon Schwarze – unterhalb der Armutsgrenze ohne sanitäre Einrichtungen oder Strom, ein Drittel waren Analphabeten, 12 Millionen hatten kein sauberes Wasser, 8 Millionen hausten in Baracken. Erst nach einem zögerlichen Beginn kam die im *Wiederaufbau- und Entwicklungsprogramm* (RDP) an-

gestrebte Verbesserung des Lebens der armen schwarzen Bevölkerung voran. So fiel die Zahl der Südafrikaner ohne Wasser-
versorgung zwischen 1994 und 1999 von 30 auf 20 Prozent.
Der Anteil der Haushalte mit Strom kletterte von 37 auf 60 Prozent, der mit Telefon von 65 auf 75 Prozent. Außerdem wurden
700 000 Häuser neu errichtet oder befanden sich im Bau.

Aber alles passierte viel langsamer als vom ANC verspro-
chen. Auch die freie Gesundheitsfürsorge für Mütter und
Kinder sowie die kostenlosen Speisungen für Grundschüler kamen nur schwer in Gang. Vor allem stieg die Zahl der Arbeitslosen ständig, weil die Wirtschaft zu langsam wuchs. In den
fünf Jahren der Mandela-Präsidentschaft gingen 500 000 Stellen verloren – bei einer Gesamtzahl von 9,1 Millionen Beschäftigten im Jahr 1996. Dazu drängten jedes Jahr hunderttausende junge Menschen neu auf den Arbeitsmarkt. 1999 war ein
Drittel der Bevölkerung im erwerbsfähigen Alter ohne Job,
die Ostkap-Provinz mit den ehemaligen Homelands Transkei
und Ciskei hatte dabei mit 49 Prozent die höchste, die West-
kap-Provinz mit 18 Prozent die niedrigste Quote. Die Gründe
dafür waren neben dem hohen Bevölkerungswachstum und
dem Mangel an Facharbeitern das im Vergleich mit anderen
Schwellenländern zu hohe Lohnniveau in den Fabriken und
Minen sowie die rigiden Arbeitsgesetze. Obwohl der südafrikanische Präsident nach der Verfassung eine überaus mächtige
Stellung innehat, da er gleichzeitig Staatsoberhaupt und Regierungschef ist und sich auf eine Mehrheit des Parlaments stützen
kann, nahm Mandela diese strukturellen Probleme nicht in Angriff. «Er war», wie der Historiker Mark Gevisser festhält, «ein
weit besserer Befreier und Nationenbauer, als er ein Regierungschef war.» Von Anfang an übertrug Mandela große Teile
des Tagesgeschäfts an Mbeki, der später erklärte: «Madiba
schenkte der Regierungsarbeit keinerlei Aufmerksamkeit. Wir
mussten das tun, weil irgendjemand es tun musste.» Aber Mbeki erwies sich oft als ineffizienter Manager, in den ersten 4 Regierungsjahren blieben im Schnitt 11 Milliarden Rand (2 bis
3 Milliarden Euro) gerade für Hausbau und Landrückerstat-
tung unausgegeben.

Gleichzeitig musste die Mandela-Regierung das hohe Haushaltsdefizit abbauen, die Inflation dämpfen, Staatsunternehmen privatisieren und die unter dem Apartheidsystem grassierende Korruption eindämmen, wollte sie das ökonomische Fundament des Landes stabilisieren und ausländische Investitionen anziehen. 1996 packte sie mit dem neoliberalen *Wachstums-, Beschäftigungs- und Umverteilungsprogramm* (GEAR) diese Mammutaufgabe an, verabschiedete sich von sozialdemokratischen Ideen und verbesserte die makroökonomische Lage markant. Das war angesichts der wirtschaftspolitischen Tradition des ANC, der Positionen seiner Allianzpartner – der Kommunistischen Partei und des Gewerkschaftsverbands Cosatu – und des enormen Erwartungsdrucks armer Schwarzer eine Leistung. Im Gegensatz zu anderen Schwellenländern musste Südafrika deshalb nie die Hilfe des Internationalen Währungsfonds in Anspruch nehmen.

Die wirklichen ökonomischen Gewinner der Machtübernahme des ANC waren gutausgebildete Schwarze. Sie hatten kaum Chancen auf Arbeitsplätze in Regierung, Verwaltungsapparat und Staatskonzernen gehabt, solange die NP regierte. Nach 1994 standen ihnen diese Bereiche offen. Aufgrund gesetzlicher Antidiskriminierungsauflagen stellten zudem Firmen schwarze Manager ein und vergaben Aufträge an schwarze Unternehmer. Da es aber zu wenige Schwarze mit entsprechender Ausbildung gab, erhielten sie oft bis zu 30 Prozent mehr Lohn als weiße Angestellte mit gleicher Qualifikation. Viele ANC-Aktivisten profitierten davon. Einige Beobachter sprachen bald von der «Ver-Bourgeoisierung einer Widerstandsbewegung». Auch jene schwarzen Arbeiter, die in den Regierungsjahren Mandelas ihre Stelle behielten, konnten deutliche Reallohnsteigerungen erzielen, insbesondere, wenn sie gewerkschaftlich organisiert waren. Etwa 5 Prozent der Schwarzen erreichten bis 1999 Mittelklasse-Status. Während sich die Kluft zwischen weißen und schwarzen Arbeitern langsam verringerte, wuchs jene zwischen schwarzen Arbeitern und schwarzen Arbeitslosen.

Die Außenpolitik der Regierung war unprofessionell und wurde dem eigenen hohen moralischen Anspruch nicht immer gerecht. Außenminister Alfred Nzo, ein alter Freund Mandelas, erwies sich als Fehlbesetzung. Aber auch der Präsident selbst agierte widersprüchlich. Er unterhielt herzliche Beziehungen zu Castro und Gaddafi, weil sie den Befreiungskampf des ANC früher mit Geld und Waffen unterstützt hatten. Auf einer Amerikareise bezeichnete er sie als «Waffenbrüder», die den Menschenrechten verpflichtet seien. Damit konterkarierte er jedoch nicht nur sein Bemühen um westliche Investitionen, sondern auch alle Bekenntnisse zu Freiheit und Demokratie. 1993 hatte Mandela geschrieben, dass «die Menschenrechte das Licht sein werden, das unsere Außenpolitik leitet». 1996 verkündete er, er werde Castro und Gaddafi nach Südafrika einladen und sich nie von seinen alten Freunden lossagen. Bei einem Staatsbesuch in Libyen nannte er Gaddafi «meinen Freund» und verlieh ihm den «Orden der Guten Hoffnung», eine der höchsten Auszeichnungen Südafrikas. In dieses Bild passte die übertriebene Solidarität mit anderen schwarzafrikanischen Staaten. So setzte Mandela auf Drängen Mbekis gegenüber dem nigerianischen Präsidenten Sani Abacha 1995 auf stille Diplomatie, um den verhafteten Bürgerrechtler Ken Saro-Wiwa und acht seiner Mitstreiter freizubekommen. Erst als Abacha sie hatte hinrichten lassen, explodierte Mandela auf einer Pressekonferenz und forderte den Ausschluss Nigerias aus allen internationalen Organisationen. Geradezu weltfremd wirkte es, dass Mandela glaubte, gleichzeitig diplomatische Beziehungen zu Peking und Taipeh unterhalten zu können, nachdem ihm der taiwanesische Botschafter eine 10-Millionen-Dollar-Spende überreicht hatte. 1998 ließ Mandela 600 südafrikanische Soldaten im Bergkönigtum Lesotho eingreifen, um auf Bitten des dortigen Premierministers gewaltsame Unruhen nach umstrittenen Parlamentswahlen niederzuschlagen. Die Militärintervention kratzte an Mandelas Image, zum einen weil sie stümperhaft umgesetzt wurde, zum anderen weil sie seinen Prinzipien einer gewaltfreien Außenpolitik, des Multilateralismus und der Nichteinmischung in die Angelegenheiten anderer Staaten widersprach. Wie in der Innenstellte Mandela auch in der Außenpolitik ideologische Motive und die Loyalität mit alten Bundesgenossen bisweilen über proklamierte Werte und nüchtern kalkulierte Interessen. Überhaupt sah Mandela die internationale Politik primär als Ausfluss persönlicher Kontakte, immer wieder rief er Staats- und Regierungschefs an. Vor allem mit US-Präsident Clinton verstand er sich prächtig.

Politik der Versöhnung

Mandela hatte jedoch ein anderes Ziel zur Priorität seiner Amtszeit gemacht. Er wollte den Ausgleich zwischen Schwarzen und Weißen vorantreiben, dem Volk, wie er sagte, «den Geist der Versöhnung einflößen». Schon bei seiner Inauguration hatte er spontan auf Afrikaans gesagt «Laat ons die verlede vergeet! Wat verby is verby!», «Lasst uns die Vergangenheit vergessen. Was vorbei ist, ist vorbei». Das dokumentierte er, indem er alle Mitarbeiter seines Präsidentenbüros, die sich auf ihre Entlassung eingestellt hatten, bat zu bleiben. Er lud die Frauen früherer südafrikanischer Führer zum Mittagessen in seine Residenz, die Witwe von Steve Biko aß mit der Witwe von Premier John Vorster. Ende 1995 besuchte er die Witwe des Apartheid-Architekten Verwoerd zum Tee, wenig später auch Percy Yutar, den Hauptankläger im Rivonia-Prozess, der 1964 die Todesstrafe gegen ihn gefordert hatte. Jedes Jahr rief er Botha an, um ihm zum Geburtstag zu gratulieren. Als Geheimdienstchef Barnard aus dem Amt schied, gab ihm Mandela eine Dinnerparty, zu der er auch General Willemse, den früheren Kommandanten von Robben Island, einlud. Einen anderen Leiter der Gefängnisinsel, den mitleidlosen General Jannie Roux, ernannte er zum Botschafter in Österreich. Während viele Weiße diese Gesten schätzten, empörten sich radikale Schwarze über eine solche Hofierung von Exponenten des Apartheid-Regimes. Der Präsident hielt dem immer entgegen, man könne eine neue Gesellschaft nur schaffen, wenn sich alle Südafrikaner darin aufgehoben fühlten. Privat äußerte er die Befürchtung, bei einem Konfrontationskurs mit den Weißen bestehe die Gefahr einer Rebellion der von ihnen dominierten Sicherheitskräfte.
Einen Höhepunkt der Versöhnungspolitik stellte die Rugby-Weltmeisterschaft 1995 dar. Mandela erkannte die immense Be-

deutung dieser Sportart für die Buren, freundete sich mit Team-kapitän François Pienaar an und besuchte die Spieler im Trainingslager. Als Südafrika überraschend den Titel holte, überreichte Mandela in einem grünen Trikot und mit einer grünen Kappe der «Springboks» – so der Kosename des südafrikanischen Rugby-Teams – Pienaar unter «Nel-son!, Nel-son!»-Jubelgesängen der burischen Fans die Trophäe. Selbst Schwarze in den Townships, die Rugby bisher verachtet hatten, feierten den Endspiel-Sieg. Mandela widersetzte sich auch einer Empfehlung eines ANC-dominierten Parlamentsausschusses, Englisch zur alleinigen Sprache in der Armee zu machen, weil dies die Buren brüskiert hätte. Bald schien er über der Politik zu stehen, er ähnelte mehr einem konstitutionellen Monarchen als einem Parteiführer.

Wichtigster formaler Ausdruck der Politik des Ausgleichs war die *Wahrheits- und Versöhnungskommission* (TRC). Sie entsprang einem Kompromiss zwischen Mandela und de Klerk und nahm im Februar 1996 die Arbeit auf. Ihre Anhörungen boten den Opfern von schweren Menschenrechtsverletzungen ein Forum, ihre Leidensgeschichten vorzutragen. Die Wahrheitskommission war befugt, Vorladungen auszusprechen und Verbrechern Amnestie zu gewähren, wenn diese einen Antrag stellten und die ganze Wahrheit enthüllten. Damit konnten sich die Südafrikaner ein authentisches Bild von den Tätern und Opfern während der Apartheid-Zeit machen. Zum Vorsitzenden der TRC ernannte Mandela Erzbischof Tutu, was die Anhörungen «zu einer Mischung aus Prozeß, Geständnis und Glaubensforum» machte. In den nächsten Jahren förderte die Kommission schreckliche Details über die systematischen Folterungen und Morde der weißen Sicherheitskräfte zu Tage. Unter anderem kam ans Licht, dass Todesschwadronen gezielt schwarze Widerstandskämpfer liquidiert, zerstückelt und verbrannt hatten. Die Mörder von Steve Biko beschrieben in allen Einzelheiten, wie sie ihn zu Tode gefoltert hatten. Sie alle hatten auf Anweisung oder mit Duldung von Bothas Staatssicherheitsrat gearbeitet, in dem höchste Politiker und Generäle saßen und der in den 1980ern ein Staat im Staate geworden war. Aber Botha weigerte sich, vor der TRC auszusagen, und de Klerk wälzte jede Schuld an den Gräueltaten wenig glaubwürdig auf selbständig agierende untere Chargen in Armee und Polizei ab.

Der ANC musste sich ebenfalls brutale Menschenrechtsverletzungen vorwerfen lassen. Allein 400 angebliche Regierungskollaborateure fielen «Halskrausen»-Morden zum Opfer. Wie de Klerk lehnte der 1997 zum ANC-Präsidenten gewählte Mbeki jede Verantwortung seiner Partei für die Verbrechen ab. Beide zogen im Herbst 1998 sogar vor das Höchste Gericht, um die Veröffentlichung des sorgfältig recherchierten Abschlussberichts zu verhindern. Mbeki verurteilte ihn als «skurrile Versuche der Kriminalisierung des Befreiungskampfes». Mandela wies ihn allerdings in die Schranken und unterstrich, dass die TRC seine volle Unterstützung habe. Seinem Biografen Sampson sagte er im Januar 1999: «Ich bin Präsident des Landes. Wir haben der TRC zum Start verholfen. Sie hat keine perfekte, aber eine bemerkenswerte Arbeit geleistet, und ich billige alles, was sie getan hat.» Alle Versöhnungsbemühungen konnten jedoch nicht davon ablenken, dass die Integration von Schwarzen in manchen Bereichen nur äußerst zögerlich vorankam. Bisweilen ließ sich sogar Mandela dazu hinreißen, die weiße Opposition lächerlich zu machen und die sie vertretenden Parteien als «Mickey Maus»-Parteien zu verspotten. Dass Opposition und Interessenvertretung in einer Demokratie selbstverständlich sind, wollten der Präsident und der ANC nicht wahrhaben, für die das oberste Gebot die Loyalität zur Regierung war.

Seit dem Ausscheiden der NP aus der Koalitionsregierung im Mai 1996 kümmerte sich Mandela kaum mehr um die Tagespolitik. Er war so oft auf Auslandsreisen, dass weiße Südafrikaner spotteten: «Diese Woche ist Präsident Mandela zu Besuch in Südafrika.» Die meisten Kabinettssitzungen leitete nun Mbeki. Allerdings verschärften sich die Spannungen zwischen den beiden. Das hing auch damit zusammen, dass Mandela den talentierten Gewerkschaftsführer Cyril Ramaphosa als Nachfolger favorisierte. Er akzeptierte Mbeki, den er für zu unflexibel und zu intolerant gegenüber Kritik hielt, erst unter dem Druck des ANC-Exekutivkomitees. Der wiederum betrachtete Mandelas Versöhnungspolitik als falsch und naiv. Auch hatte Mbeki Probleme damit, dass Südafrika und die Welt Mandela als großen Demokraten und Friedensstifter feierten, während er die undankbare Kleinarbeit leisten musste, sich das wirtschaftliche Los der Schwarzen kaum verbesserte und die Weißen für die Apartheid nicht genügend büßten. Nach seinem Ausscheiden aus dem Präsidentenamt sollte Mandela wiederholt mit Mbeki aneinandergeraten.

Vor allem zu Beginn seiner Amtszeit war Mandela einsam. Nach der Trennung von Winnie zog er sich von alten Freunden zurück, von seinen Kindern hatte er sich entfremdet, viele Abende war er allein in seinem Haus im noblen Johannesburger Vorort Houghton. Er ging früh schlafen, stand um 4 Uhr 30 auf, machte sein Bett und trainierte etwas. Er lebte bescheiden, ein Drittel seines Gehalts spendete er seinem Kinderhilfswerk, das er mit seinem Anteil am Nobelpreisgeld ins Leben gerufen hatte. Die Wochenenden verbrachte Mandela oft mit unpolitischen Leuten aus dem Showbusiness wie Whoopie Goldberg, Michael Jackson oder den Spice Girls und Vertretern großer Konzerne. Ab und zu zog er sich in sein Landhaus in Qunu zurück, unternahm am frühen Morgen lange Wanderungen, feierte Feste und mischte sich in die dortige Stammespolitik ein. Erst die Liebe zu Graça Machel, der ehemaligen First Lady und langjährigen Erziehungsministerin von Mosambik, holte ihn aus seiner Einsamkeit zurück. Sie hatten sich 1990 kennengelernt, zwei Jahre später übernahm Mandela in Nachfolge seines verstorbenen Freundes Tambo das Sorgerecht für ihre sechs Kinder. Seit 1997 begleitete Graça ihn bei offiziellen Anlässen. Mandela heiratete sie an seinem 80. Geburtstag am 18. Juli 1998. Zwei Jahre zuvor war er von Winnie in einem unerfreulichen Verfahren geschieden worden.

9. Vermächtnis

Die wichtigste Leistung der Mandela-Präsidentschaft bestand darin, alle Vorhersagen über unausweichliche rassische und ethnische Konflikte widerlegt und die Demokratie in Südafrika konsolidiert zu haben. Mandelas Führung war unverzichtbar, um den Übergang von der Apartheid zur Mehrheitsherrschaft friedlich zu gestalten und den Institutionen und Verfahren des Rechtsstaats, die vielen Schwarzen, aber auch Weißen unbekannt waren, Legitimität zu verleihen. Bei seinem Ausscheiden aus dem Präsidentenamt im Sommer 1997 genoss er eine Zustimmungsrate von 80 Prozent. Selbst 59 Prozent der Weißen attestierten ihm, gute Arbeit geleistet zu haben. Das allein würde ihm einen Platz unter den größten Staatsmännern des 20. Jahrhunderts garantieren. Aber Mandela war mehr als ein erfolgreicher Politiker, er war eine moralische Instanz. Seine aristokratische Herkunft gab ihm die unerschütterliche Gewissheit, eine höhere Mission im Leben zu haben, Ungerechtigkeit bekämpfen, Benachteiligte beschützen, einen Ausgleich herbeiführen zu müssen. Diese Gewissheit ließ ihn die Brutalität des Apartheid-Regimes stoisch ertragen und verlieh ihm das Selbstvertrauen, seinen Verfolgern später so leicht zu vergeben. «Madibas Magie» blieb nicht auf Südafrika begrenzt. Auch international konnte sich kaum jemand seinem Charisma entziehen. Trotz aller Ungereimtheiten seiner außenpolitischen Ansichten gelang es Mandela allein aufgrund seiner Persönlichkeit, für Südafrika eine Sonderbehandlung in der Welt zu erhalten. 1998 wählten ihn die 114 Mitgliedsstaaten der Blockfreien-Bewegung zu ihrem Präsidenten.

Mandela war sich seiner einmaligen Rolle bewusst, manchmal neigte er zum Glauben, alle politischen Gefühle der Afrikaner zu verkörpern. Allerdings ist es nicht ungefährlich, wenn sich politische Führer wie die Totalität des Volkswillens fühlen.

Mandelas unverrückbares Ziel, die Einheit der Nation herzustellen, und seine unbedingte Loyalität zu ANC und Kampfgefährten ließ ihn bisweilen autoritäre Züge annehmen, wie seine Verteidigung von Winnie und anderen dubiosen Regierungsmitgliedern sowie die Angriffe auf schwarze Journalisten und Erzbischof Tutu zeigten. Über allem zu stehen, wie Mandela es oft zu tun schien, ist mit einer liberalen Demokratie, die auf einem ständigen Geben und Nehmen beruht, nicht vereinbar – auch nicht mit dem Prinzip, dass Institutionen wichtiger sind als Personen. Aber andere Charakterzüge halfen ihm, autoritäre Verlockungen und die Versuche, ihn zu einem säkularen Heiligen aufzubauen, zu neutralisieren: seine Volkstümlichkeit, sein bescheidenes Auftreten, sein Großmut und sein Humor auf eigene Kosten. Am deutlichsten zeigte sich seine Fähigkeit, den Sirenenklängen der Macht zu widerstehen. Er schied freiwillig aus dem Präsidentenamt und verabschiedete sich ins Privatleben – wie George Washington einst, der Sieger im Unabhängigkeitskrieg gegen England und erste Staatschef der USA. Anstatt sich in einen Autokraten zu verwandeln und sich bis zum letzten Atemzug an die Macht zu klammern, wie so viele siegreiche schwarze Widerstandskämpfer, wurde Mandela zum «Tata», zum verehrten Vater einer neuen Nation. Selbst seine Kleidung setzte er wie schon sein gesamtes Leben politisch ein. Trug er zu Beginn seiner Präsidentschaft konservative dunkle Anzüge, die Seriosität und westlichen Lebensstil verkörperten und den Weißen die Angst vor der neuen schwarzen Regierung nehmen sollten, wechselte er später, als Südafrika zur Ruhe gekommen war, zu Seidenhemden mit schillernden afrikanischen Mustern. Mandela war zur Ikone geworden, die keine traditionellen Symbole der Macht mehr benötigte.

Zu seinem Nimbus trug bei, dass er auch nach seinem Ausscheiden aus dem Präsidentenamt sozial und politisch aktiv blieb. Während andere ehemalige Staatschefs oft hochdotierte Beraterverträge oder Aufsichtsratsposten übernehmen, profilierte sich Mandela als Philanthrop, Friedensstifter und Anwalt der Aids-Kranken. Zwischen 1999 und 2004, als er seinen Rückzug in den Ruhestand verkündete, kam er jeden Tag um

8 Uhr 30 ins Büro seiner Stiftung, die Waisen unterstützte, Stipendien für schwarze Studenten vergab und den Kampf gegen Aids vorantrieb. Mandela hatte ein Treffen nach dem anderen, pro Tag erreichten sein Büro zwischen 150 und 300 Telefonate und Faxe. Er machte eine weiße Burin, Zelda la Grange, zu seiner rechten Hand und engsten Vertrauten. Jedes Jahr unternahm Mandela ein Dutzend längerer Auslandsreisen. Aber er sammelte nicht nur Spenden für seine Stiftungen, sondern schaltete sich auch in die große Politik ein. So vermittelte er einen Waffenstillstand zwischen Hutus und Tutsis in Burundi, die seit 1993 einen Bürgerkrieg mit 350 000 Opfern geführt hatten. Mandela überzeugte alle 19 beteiligten Gruppen, im August 2000 eine Übereinkunft zu unterzeichnen, die eine Machtteilung, die Integration der Rebellen in eine reformierte Armee und die Einrichtung einer Wahrheits- und Versöhnungskommission vorsah. Auch wenn immer wieder Kämpfe aufflackerten, wäre es ohne Mandelas Einsatz nicht so schnell zu einem Rückgang der Gewalt gekommen. Im Juli 2002 verlieh ihm US-Präsident George W. Bush den höchsten Orden des Landes, die Freiheitsmedaille, und nannte ihn «den verehrtesten Staatsmann unserer Zeit».

Innenpolitisch fungierte Mandela weiter als das Gewissen der Nation. Während sein Nachfolger Mbeki die Weißen immer schärfer angriff, staatliche Jobs allein an Schwarze vergab und damit etwa eine Dreiviertelmillion qualifizierter Weißer aus dem Land trieb, führte Mandela seine Versöhnungspolitik fort. Und während Mbeki den immer diktatorischer regierenden Mugabe mit Samthandschuhen anfasste, scheute Mandela nicht davor zurück, den alten Verbündeten öffentlich zu kritisieren. Sein zentrales Projekt aber war der Kampf gegen die Aids-Epidemie. Als Präsident hatte er sich kaum um dieses drängende Problem gekümmert, auch weil es ihm schwer viel, wie er später eingestand, über Sex zu sprechen. Mit 11,4 Prozent hatte Südafrika 2002 eine der höchsten Aids-Raten der Welt, wobei Schwarze fast 50 Mal stärker betroffen waren als Weiße oder Inder. Jede vierte schwarze Frau zwischen 20 und 35 Jahren war HIV-positiv. Schätzungen der Weltgesundheitsorganisation gingen von mindestens 250 000 Aids-Toten pro Jahr aus mit rasch steigender Tendenz. Als sich Mbeki zu abstrusen Thesen über die Ursachen von Aids verstieg und die Ausgabe von wirkungsvollen antiretroviralen Medikamenten verweigerte, warf ihm Mandela die Verletzung seiner Amtspflichten vor, stellte sich an die Spitze der «Behandlungs-Aktionskampagne» und trug ein «HIV POSITIVE»-T-Shirt. «Wir dürfen nicht weiter diskutieren und streiten», erklärte Mandela, «während die Menschen sterben.» Widerwillig lenkte Mbeki ein und genehmigte im Februar 2003 einen umfassenden Einsatz der Medikamente. Eine Harvard-Studie schätzte später, dass ihre frühere Ausgabe den vorzeitigen Tod von 330 000 Menschen und die Infektion von 35 000 Babys hätte verhindern können.

Seit 2004 zog sich Mandela weitgehend aus der Öffentlichkeit zurück. Aber auch im Alter wurde er kein Familienmensch. Vor allem war es ihm unmöglich, wirkliche Wärme gegenüber seinen Kindern zu zeigen. Als sein Sohn Makgatho Ende Dezember 2004 wegen einer sich rapide verschlechternden Aids-Erkrankung nur mehr wenige Tage zu leben hatte, zog Mandela am Sterbebett seine Hand weg, als man sie auf die Makgathos zu legen versuchte. «Er war wie eingefroren», sagte sein Enkel Ndikela, der die Szene beobachtete. «Er konnte seine eigenen Gefühle einfach nicht akzeptieren. Großvater kann warmherzig mit Fremden sein, aber er ist völlig abgeschnitten von seiner Familie. Er vertraut seiner Haushälterin Dinge an, über die er unglücklich ist, aber niemals uns. Er ist ein afrikanischer Mann, und Gefühle zu zeigen bedeutet Schwäche, und das kann er nicht tun.» Dagegen erschien Mandela als Überraschungsgast im Frühjahr 2006 bei der Feier des 70. Geburtstags de Klerks. Obwohl er ihn im Wahlkampf 1994 und später im Kabinett immer wieder heftig attackiert hatte, bemühte er sich nun um eine Aussöhnung und würdigte den Beitrag seines einstigen Widersachers zum Wandel in Südafrika. Im August 2007 wurde auf Londons *Parliament Square* eine Bronzestatue Mandelas neben denen von Winston Churchill und Abraham Lincoln enthüllt. Premierminister Gordon Brown feierte ihn als «den inspirierendsten, größten Führer unserer Generation». Gleichzeitig musste

Mandela zusehen, wie Mbeki seinen populären Vizepräsidenten und parteiinternen Rivalen Jacob Zuma mit Korruptionsvorwürfen überzog und sich die beiden in eine Schlammschlacht verstrickten. Im Herbst 2008 urteilte ein Gericht, Zuma sei das Opfer einer politischen Verschwörung zwischen Mbeki und den Staatsanwälten geworden. Der ANC wählte daraufhin Zuma zu seinem Präsidenten und zwang Mbeki zum Rücktritt. Aber der ANC versank selbst in Korruptionsskandalen, nicht weniger als ein Viertel der 77 Mitglieder seines Exekutivkomitees war vorbestraft oder Gegenstand von Ermittlungen. Auch rückte die Partei Schritt für Schritt von Mandelas Aussöhnungspolitik ab.

Der bezog zu alledem keine Position, stand aber wie immer treu zum ANC und unterstützte im April 2009 Zuma bei der Präsidentschaftswahl. Allerdings war er zu diesem Zeitpunkt schon sehr gebrechlich, bei einer Wahlveranstaltung wurde er in einem Golfwagen herumgefahren. Sogar sein früher phänomenales Gedächtnis begann ihn im Stich zu lassen. Seinen letzten großen öffentlichen Auftritt hatte Mandela am 11. Juli 2010 bei der Schlussfeier der Fußball-Weltmeisterschaft im Soccer City-Stadion in Johannesburg. 85 000 Fans und viele Ehrengäste bereiteten ihm einen überwältigenden Empfang. Dass Südafrika dieses sportliche Großereignis ausrichten und sich damit prominent auf der internationalen Bühne platzieren konnte, stellte einen weiteren Triumph Mandelas dar, hatte er doch 2004 mit großem Engagement für die Vergabe der WM an sein Land geworben. Mitte 2010, als Zehntausende weiße Südafrikaner zum Schwarzen-Sport Fußball strömten und das eigene Team anfeuerten, schien es fast, als wäre Mandelas lebenslanger Traum von der «Regenbogen-Nation» in Erfüllung gegangen.

Kommentierte Auswahlbibliografie

Der größte Teil der Quellen und Literatur zu Mandela liegt nur auf Englisch vor. Gibt es deutsche Übersetzungen, werden diese angegeben. Mandelas Reden und Interviews von den 1950er Jahren bis zur Gegenwart sind erschließbar über die Homepage seiner Stiftung unter *http://www.nelsonmandela.org/index.php*. Dokumente des ANC sind einzusehen unter *http://www.anc.org.za*. Die Papiere zu Hochverrats- und Rivonia-Prozess liegen in der «Historical Collections»-Sammlung der Witwatersrand-Universität und sind teilweise digitalisiert zu erschließen unter *http:// www.historicalpapers.wits.ac.za*. Das Archiv des ANC und anderer Widerstandsgruppen befindet sich an der Fort Hare University. Die Belege für die im Text verwendeten Zitate stehen auf der Website des Verlags C. H. Beck zu diesem Buch www.chbeck.de/go/Mandela

Memoiren und Selbstzeugnisse

Mandela, Nelson (mit Richard Stengel): Der lange Weg zur Freiheit, 2006. *Mandelas Bestseller-Autobiografie, die er noch im Gefängnis zu schreiben begann. Endet mit der Übernahme der Präsidentschaft 1994.*

ders.: In His Own Words, 2004. *Reden und Stellungnahmen Mandelas, nach Themen wie «Kampf», «Freiheit» oder «Versöhnung» geordnet.*

ders.: Bekenntnisse, 2010. *Sammlung von Briefen, Tagebuchaufzeichnungen, Notizen, Interviews und Gesprächen.*

Literatur

Bacher, Georg: Nelson Mandela. Political Leadership im südafrikanischen Transformationsprozess, 2011. *Analyse von Mandelas Führungsstil.*

Benson, Mary: Nelson Mandela. Die Hoffnung Südafrikas, 1986. *Freundliche Biografie einer engen Freundin Mandelas.*

Carlin, John: Der Sieg des Nelson Mandela. Wie aus Feinden Freunde wurden, 2008. *Am Beispiel der Rugby-Weltmeisterschaft 1995 in Südafrika zeigt der preisgekrönte Journalist Mandelas Bemühen um eine Aussöhnung zwischen Weißen und Schwarzen. Vorlage für Clint Eastwoods Film «Invictus – Unbezwungen» von 2009.*

Gevisser, Mark: Thabo Mbeki. The Dream Deferred, 2007. *Beste Biografie des Vizepräsidenten Mandelas und Nachfolgers im Präsidentenamt.* *

Gilbey, Emma: The Lady. The Life and Times of Winnie Mandela, 1994. *Exzellente Biografie über Mandelas zweite Frau.* *

Gottschalk, Maren: «Die Morgenröte unserer Freiheit»: Die Lebensgeschichte des Nelson Mandela, 2007. *Wenig kritische Biografie.*

Hagemann, Albrecht: Nelson Mandela, 2010. *Knappe Biografie mit vielen Fotos.*

Hain, Peter: Mandela, 2010. *Mandelas Leben aus der Sicht eines Weggefährten mit vielen Fotos und Beiträgen u.a. von Erzbischof Tutu und US-Präsident Clinton.*

Joffe, Joel: Der Staat gegen Mandela. Ein Protokoll über den Rivonia-Prozeß, 2006. *Beste Wiedergabe des Prozesses durch einen seiner Verteidiger.*

Lang, Jack: Nelson Mandela. Ein Leben für Freiheit und Versöhnung, 2006. *Hagiografie des französischen Anti-Apartheidsaktivisten und Ex-Kulturministers.*

Lodge, Tom: Mandela. A Critical Life, 2007. *Knappe, treffende Biografie eines anerkannten Südafrika-Experten.*

Meer, Fatima: Stimme der Hoffnung. Die autorisierte Biographie von Nelson Mandela, 1990. *Freundliche Biografie der südafrikanischen Soziologin und Kampfgefährtin Mandelas.*

Meredith, Martin: Nelson Mandela. A Biography, 2010. *Verwebt Mandelas Leben geschickt mit der Geschichte Südafrikas.* *

Sampson, Anthony: Nelson Mandela, 1999. *«Offizielle» Lebensgeschichte des britischen Journalisten und langjährigen Bekannten Mandelas. Detaillierteste Biografie, insbesondere der Gefängnisjahre, aber wenig kritisch.* *

Smith, David James: Young Mandela, London 2010. *Fundierteste Analyse der frühen Jahre Mandelas bis zur Verurteilung 1963.* *

Stengel, Richard: Mandelas Weg: Liebe, Mut, Verantwortung – Die Weisheit eines Lebens, 2010. *Darstellung der Lebensprinzipien Mandelas durch den Bearbeiter seiner Autobiografie.*

Waldmeir, Patti: Anatomy of a Miracle. The End of Apartheid and the Birth of the New South Africa, 1997. *Analyse des Endes der Apartheid.* *

* = Empfehlung des Autors dieses Buchs.

Bildnachweis

Seite 47: (© STR New/Reuters/Reuters/Corbis), 98 (© Reuters/Corbis): Corbis, Düsseldorf

Seite 59: Homepage des ANC – *http://www.anc.org.za/*

Seite 65: aus: Anthony Sampson: Nelson Mandela. Die Biographie, Stuttgart 1999

Seite 68: RIM/Mayibuye Archives, Bellville/Cape Town, Südafrika

Seite 75: Wits Historical Papers. Nelson Mandela Papers, 1962–1964, Collection A2519, Item No. 8, Document final clause of statement from the dock MS 1p. Herzlichen Dank der Nelson Mandela Foundation für die Genehmigung zum Abdruck

Seite 79: Robben Island Museum, Cape Town, Südafrika

Umschlaginnenseite: Karte von Peter Palm, Berlin

Leider war es nicht in allen Fällen möglich, die Inhaber der Rechte zu ermitteln. Wir bitten deshalb gegebenenfalls um Mitteilung. Der Verlag ist bereit, berechtigte Ansprüche abzugelten.

Zeittafel

1962 *Januar-Juli:* Afrikareise Mandelas zur Geldbeschaffung und zum Militärtraining mit Abstecher nach London

     5. August: Gefangennahme Mandelas in Howick

     5. November: Mandela zu fünf Jahren Haft verurteilt

1963 *3. Dezember:* Beginn des Rivonia-Prozesses

1964 *20. April:* Mandela hält seine berühmte «Ich bin bereit zu sterben»-Rede

     12. Juni: Mandela und sieben andere zu lebenslänglicher Haft verurteilt

     13. Juni: Verlegung auf die Gefängnisinsel Robben Island

1976 *16. Juni:* Blutige Niederschlagung des Schüleraufstands in Soweto

1977 *12. September:* Steve Biko stirbt in einer Gefängniszelle nach Polizei-Misshandlung

1982 *April:* Mandela wird ins Pollsmoor-Gefängnis verlegt

1985 *Januar:* Mandela lehnt das Angebot von Präsident Pieter Willem Botha ab, ihn freizulassen, wenn er der Gewalt abschwört

1988 *Mai:* Beginn geheimer Gespräche mit einer Regierungskommission

     7. Dezember: Mandela wird ins Victor-Verster-Gefängnis bei Paarl verlegt

1989 *5. Juli:* Mandela trifft Präsident Botha

     13. Dezember: Mandela trifft Präsident Frederik Willem de Klerk

1990 *2. Februar:* De Klerk verkündet Freilassung Mandelas und hebt ANC-Verbot auf

     11. Februar: Mandela nach 27 Jahren Haft wieder frei

1991 *Mai:* Beginn der Verhandlungen mit de Klerk über Übergangsverfassung

     5. Juli: Mandela zum ANC-Präsidenten gewählt

     17. April: Bekanntgabe der Trennung von Winnie

1993 *18. November:* Unterzeichnung der Übergangsverfassung

     10. Dezember: Mandela und de Klerk erhalten Friedensnobelpreis

1994 *26.–29. April:* Erste freie Wahlen in Südafrika enden mit Sieg des ANC

     10. Mai: Mandela als Präsident vereidigt

1996 *März:* Scheidung von Winnie

1998 *18. Juli:* Mandela heiratet an seinem 80. Geburtstag Graça Machel

1999 *14. Juni:* Ende der Mandela-Präsidentschaft

2004 *15. Mai:* Mandela kündigt Rückzug aus dem öffentlichen Leben an

2009 *10. November:* UNO erklärt den 18. Juli zum Internationalen Nelson-Mandela-Tag

2010 *11. Juli:* Überraschungsauftritt vor dem Finale der Fußball-WM in Soweto

Personenregister